RÍO BRAVO

RÍO BRAVO

México, Estados Unidos
y el regreso de Trump

Julio Vaqueiro

AGUILAR

El papel utilizado para la impresión de este libro ha sido fabricado a partir de madera procedente de bosques y plantaciones gestionadas con los más altos estándares ambientales, garantizando una explotación de los recursos sostenible con el medio ambiente y beneficiosa para las personas.

Río Bravo
México, Estados Unidos y el regreso de Trump

Primera edición: marzo, 2025

D. R. © 2024, Julio Vaqueiro

D. R. © 2025, derechos de edición mundiales en lengua castellana:
Penguin Random House Grupo Editorial, S. A. de C. V.
Blvd. Miguel de Cervantes Saavedra núm. 301, 1er piso,
colonia Granada, alcaldía Miguel Hidalgo, C. P. 11520,
Ciudad de México

penguinlibros.com

Fotografías del pliego a color: cortesía de Univisión

Penguin Random House Grupo Editorial apoya la protección del *copyright*.
El *copyright* estimula la creatividad, defiende la diversidad en el ámbito de las ideas y el conocimiento, promueve la libre expresión y favorece una cultura viva. Gracias por comprar una edición autorizada de este libro y por respetar las leyes del Derecho de Autor y *copyright*. Al hacerlo está respaldando a los autores y permitiendo que PRHGE continúe publicando libros para todos los lectores.

Queda prohibido bajo las sanciones establecidas por las leyes escanear, reproducir total o parcialmente esta obra por cualquier medio o procedimiento, incluyendo utilizarla para efectos de entrenar inteligencia artificial generativa o de otro tipo, así como la distribución de ejemplares mediante alquiler o préstamo público sin previa autorización.
Si necesita fotocopiar o escanear algún fragmento de esta obra diríjase a CeMPro
(Centro Mexicano de Protección y Fomento de los Derechos de Autor, https://cempro.org.mx).

ISBN: 978-607-385-715-4

Impreso en México – *Printed in Mexico*

A Fernanda, Santiago, Isabela y Jerónimo.
Y a mis papás.

ÍNDICE

Agradecimientos 11
Prólogo: Todo se transformó 13

1. Partidos por la frontera 19
2. Página en blanco 31
3. Cómo llrgamos aquí: Estados Unidos 43
4. Otogenarios por la Casa Blanca 49
5. Un verano en el que todo cambió 59
6. Una elección histórica 71
7. Cómo llegamos aquí: México 77
8. La sombra sobre las campañas 83
9. Dos mujeres 95
10. Asuntos pendientes: narcotráfico 105
11. Migración 121
12. Armas 141
13. Democracia 147
14. Entrevista con Kamala Harris 159
15. La *no* entrevista con Donald Trump 175
16. Dos victorias apabullantes 185
17. Lo que viene 193
18. La frontera, el campo de batalla 209

Epílogo: Una reflexión final 217

AGRADECIMIENTOS

Todo se lo debo a mi esposa y a mis tres hijos, que me entendieron y me apoyaron durante estos tres años de cubrir las precampañas, las campañas y el inicio de dos nuevas presidencias en los dos países, siempre a bordo de un avión. Y encima, después ponerme a escribir un libro sobre lo que había visto.

No hubiera podido hacer este libro sin el trabajo de los periodistas de Noticias Telemundo. Me apoyé en lo que reportamos todos los días para tratar de entender lo que pasa. Gracias a cada uno de ellos.

Gracias a mi editor, César Ramos, y a Jorge Zarza por ponerme en contacto con él. A Gemma García y a Luis Fernández por su confianza. Gracias a Mirta Ojito, por prestarme sus ojos para leer lo que escribí.

Gracias a las personas que me dieron su tiempo para hablar conmigo. Quienes toman decisiones importantes en México y Estados Unidos, y quienes se ven impactados por esas decisiones. Gracias por contestar a mis preguntas. Espero, de verdad, haber estado a la altura de su confianza y haber cubierto sus historias con justicia.

Gracias a mis papás, siempre.

Y gracias a este oficio, que nos da la suerte de convertirnos en testigos privilegiados de la historia.

PRÓLOGO
Todo se transformó

Cuando comencé este libro, Donald Trump y Claudia Sheinbaum todavía no eran presidentes. El mundo era otro. La elección de México en junio y de Estados Unidos en noviembre de 2024, sacudieron el panorama político, mediático y cultural. Y también la relación bilateral entre los dos países.

Ahora, escribo estas líneas con Sheinbaum en Palacio Nacional y Trump como presidente electo, apenas unos días después de su triunfo histórico en las urnas y a unas semanas de que regrese a la Casa Blanca. Estados Unidos está al borde de una transformación que definirá los años que vienen y el mundo se encuentra sumido en un esfuerzo por comprender lo que se avecina.

Peronnel is policy, solía ser una frase famosa del gobierno de Ronald Raegan en los años 80. Dime de quién te rodeas y te diré lo que harás en tu gobierno. En la lista de Trump: Robert F. Kennedy Jr., excandidato presidencial independiente, quien se ha manifestado en contra de las vacunas, es el nominado para el Departamento de Salud. Pete Hegseth, un presentador de Fox News que sirvió en el ejército, pero no tiene experiencia en seguridad nacional, y que enfrenta acusaciones de acoso sexual y abuso del alcohol, para el Departamento de Defensa. La gobernadora de Dakota del Sur, Kristi Noem, con posiciones duras a favor de la seguridad fronteriza, para el Departamento de Seguridad Nacional y Marco Rubio, un halcón con los ojos puestos en América

Latina, para el Departamento de Estado. Como embajador de Estados Unidos en México, Ron Johnson; un ex oficial de la CIA y ex miembro de fuerzas especiales del ejército de Estados Unidos, experto en inteligencia y seguridad. Una elección que confirma que México para Trump es, sobre todo, una preocupación de seguridad nacional.

El senado de Estados Unidos debe confirmarlos para que puedan asumir el cargo. ¿Pasarán la prueba? Imposible saberlo hoy. Pero hay otras posiciones que no necesitan la aprobación de los legisladores. Tom Homan, quien fue director de ICE en el primer gobierno de Trump, ahora como Zar de la Frontera, por ejemplo. O Stephen Miller como jefe adjunto de Gabinete y asesor de Seguridad Interna. Los dos, encargados de diseñar y ejecutar la política migratoria del nuevo gobierno. Homan y Miller fueron los arquitectos de las medidas de Tolerancia Cero de la primera administración de Trump, que incluían la separación de familias. Desde julio de 2017, el primer gobierno de Trump puso en marcha esta medida con la que la patrulla fronteriza separaba a niños de sus padres en la frontera. En total, de acuerdo con una investigación posterior, más de 5,000 familias fueron separadas cuando entraron a Estados Unidos y hoy todavía hay unos 70 niños que no han podido reunirse con sus padres.

Ahora Homan y Miller son los encargados de poner en marcha las deportaciones masivas de Trump.

El hombre más rico del mundo, Elon Musk, se ha convertido en una de las figuras más influyentes en el entorno de Donald Trump. En 2024 pasó de ser un donante a miembro de alto perfil en la campaña republicana, además de asesor cercano al oído del presidente. La noche de la elección, estuvo junto a la familia Trump en la residencia de Mar a Lago,

Florida. Y hay reportes de que se unió a la primera llamada telefónica con el presidente de Ucrania. En la semana posterior a la victoria electoral, Trump le dio la tarea de encabezar un nuevo departamento enfocado en hacer más eficiente al gobierno. Este es un rol que pone a Musk en una posición para contratar y despedir empleados federales y reestructurar por completo la administración en Washington. Pero está claro que su influencia puede llegar mucho más lejos.

Musk ya tiene contratos por más de 300 mil millones de dólares con numerosas agencias del gobierno, como la NASA y el Departamento de Defensa. Y mantiene una guerra con reguladores federales que han iniciado más de 20 investigaciones a sus empresas, una de ellas a Tesla por el *softweare* de sus autos y otra a Space X por la contaminación del agua en una planta en Texas. "Es justo asumir que Musk intentará eliminar esas investigaciones y buscará formas para que sus compañías operen con mayor libertad en el futuro", publicó el periódico *The New York Times*.

Trump y Musk están de acuerdo en algunos temas (como inmigración). Y están en desacuerdo en otros (como el cambio climático y el uso de vehículos eléctricos). Pero el hecho es que la persona más rica del mundo unió fuerzas con el líder político más poderoso del planeta, a quien ayudó a llegar al poder, y esto ha creado una alianza sin precedentes en Estados Unidos.

Estamos en territorio desconocido. El sitio de internet *Axios* describió el contexto después de 2024 así: "el futuro de la información y la política nunca volverán a ser lo mismo". Y enlistó los cambios más importantes: la red social X desplazó a Fox News como la plataforma más relevante para el movimiento republicano; los medios de comunicación convencionales quedaron debilitados y profundamente fragmentados; Elon Musk y otros magnates emergieron como fuerzas públicas en la política estadounidense; los debates sobre el comercio y la inmigración se movieron decididamente en una dirección más conservadora; demócratas y republicanos coinciden en que China es la amenaza más importante para occidente, y los votantes hispanos son ya el grupo de electores más potente y de más rápido crecimiento en Estados Unidos.

La transformación es profunda y tiene consecuencias en la geopolítica, en la forma en que nos informamos todos los días, en la manera en que se generan más negocios y nuevas oportunidades, y en la forma en que se tomarán decisiones desde el gobierno. Debajo del simple resultado de la elección de 2024 hubo un terremoto. Pero ¿qué implican estos ajustes para la relación entre México y Estados Unidos?

Más personas votaron por Donald Trump que por Kamala Harris. La diferencia fue de poco más de 2,600,000 votos. Trump es el primer republicano que gana el voto popular desde 2004. Pero la distancia fue mínima, menos de 2%. Estados Unidos es un país dividido por la mitad y ninguno de los dos partidos tiene garantizada una clara mayoría en el futuro. Significa que, si antes se creía que los demócratas eran el partido de la clase trabajadora, ahora tanto demócratas como republicanos lucharán por esos votantes para ganar elecciones que se decidirán por márgenes muy estrechos. Y eso explica las posiciones en cuanto a comercio y migración.

"Los dos partidos están luchando por el alma de los trabajadores en Estados Unidos," me dijo la exembajadora de México en Estados Unidos, Martha Bárcena. Son los votantes que más han padecido la inflación y el alto costo de vida en los últimos años. Muchos de ellos ven una amenaza en las personas que vienen de fuera porque creen que pueden ocupar sus puestos de trabajo y porque el gobierno usa recursos en atender a los recién llegados. Y muchos de ellos quieren ver a más empresas generando empleo en Estados Unidos.

Por eso en la contienda electoral era difícil encontrar diferencias entre Kamala Harris y Donald Trump en temas como China y la frontera. Si bien Harris no habló de deportaciones masivas como Trump, sí propuso restringir la entrada de personas a Estados Unidos. Y su administración, con Biden, mantuvo los aranceles que Trump había impuesto en su primer gobierno sobre los productos chinos. El ánimo de Estados Unidos se mueve en esa dirección.

En más de una forma, México está vinculado a todo esto: la mayor población de inmigrantes sin documentos en Estados Unidos es mexicana, y China es el segundo socio comercial de México, después de Estados Unidos. Más aún, los votantes de origen mexicano forman parte del grupo de votantes hispanos que cobran cada vez más fuerza y que en el futuro podrán decidir el resultado de cualquier elección.

Cuando estas líneas se publiquen, Trump estará en los primeros 100 días de su gobierno, cuando la agenda y el tono quedan definidos, y Sheinbaum habrá llevado los primeros meses en el poder. Los comienzos suelen ser difíciles. Los dos gobiernos apenas arrancan en sus respectivos países y, a la vez, buscan una nueva relación entre ellos. Con la velocidad y la volatilidad con la que se han dado los últimos cambios, quién sabe dónde estaremos parados entonces. Pero la intención de este libro no es hacer predicciones sobre lo que va a ocurrir, sino tratar de entender qué nos trajo hasta aquí en un momento en el que, tanto Estados Unidos como México, inician un nuevo gobierno; cuáles son los asuntos pendientes entre los dos países y cómo el ánimo nacional de los dos lados del Río Bravo puede definir nuestro futuro compartido.

1. PARTIDOS POR LA FRONTERA

Hubo un tiempo en el que la frontera no existía. Hubo otro en el que estaba más al norte, con el Río Nueces. Y ya se sabe que lo que ahora es Nuevo México, Utah, Nevada, Arizona, California, Colorado y Texas, pasó de México a Estados Unidos por la firma de un tratado que dejó una cicatriz en la región. Lo que yo no sabía, es que hay lugares en los que el ojo engaña y parece que la frontera todavía no existe.

La primera vez que fui a la frontera trabajaba como reportero en el canal local de Telemundo en Los Ángeles. Manejamos tres horas por la autopista 5 en el tráfico del sur de California. Íbamos a entrevistar a la activista Elvira Arellano, una madre mexicana que se convirtió en símbolo de los derechos de las personas migrantes sin documentos en Estados Unidos. Su nombre ganó fama internacional cuando en 2006 se refugió en una iglesia de Chicago, en un esfuerzo por evitar que la deportaran lejos de su hijo. En 2007 finalmente la expulsaron, pero en marzo de 2014 se presentó otra vez en la garita de Otay Mesa, en California. Nosotros queríamos hablar con ella antes de que se entregara. Su historia y su fuerza me impresionaron. Llegamos así a Playas de Tijuana, la esquina más occidental de México, y ahí también me impresionó ver cómo la valla de metal oxidado que define la frontera, atraviesa autoritaria a Tijuana y San Diego, dos ciudades que podrían ser una misma. Pero, cuando llega al océano, el muro se hunde y desaparece en las olas. Es como si el mar se lo tragara. Sobre el agua, a la frontera no le queda más que ser imaginaria.

Eso explica que, de acuerdo con datos de la Oficina de Aduanas y Protección Fronteriza de Estados Unidos, en las costas de California los incidentes de tráfico humano por mar hayan aumentado 10 veces en los últimos ocho años. En Noticias Telemundo hemos presentado videos de lanchas que cruzan la frontera invisible en el agua, llegan a toda velocidad a la playa y de ahí brotan decenas de migrantes que saltan en una carrera despavorida por sus sueños ya en suelo estadounidense.

Lo mismo sucede en algunas regiones inhóspitas del desierto de Nuevo México: no hay cerca de láminas o barrotes oxidados que dividan a México de Estados Unidos. Con un solo paso es posible hacer un viaje internacional sin darnos cuenta. Incluso se puede estar en los dos países al mismo tiempo, con un pie de cada lado.

Igual que en el Valle del Río Grande, Texas. Aquí el muro se levanta alto e imponente. Pero hace un par de años me llevaron a un punto digno de fotografía en el que, de pronto y de golpe, el muro termina. De repente hay muro y de repente ya no. Unos kilómetros adelante la valla aparece otra vez, pero en medio queda el vacío: un hueco gigante en nuestra frontera. Cosas extrañas entre vecinos.

En otras zonas, como Eagle Pass y Piedras Negras, en cambio, el gobierno de Texas recientemente se ha dado a la

1. Partidos por la frontera

tarea de que no haya ni un centímetro abierto. Kilómetros de alambres de púas se extienden en espiral a un costado del río, como en una zona de guerra, para evitar el paso de migrantes. Detrás de ellos, elementos de la Guardia Nacional y agentes de la Patrulla Fronteriza, preparados para lo que algunos han llamado "una invasión". ¿Funciona este despliegue de fuerza y seguridad en la frontera? Depende a quién se le pregunte. El gobernador Gregg Abbott asegura que es la única forma de evitar más cruces irregulares, aunque abundan las imágenes de personas que atraviesan el río y cuando llegan al otro lado se retuercen como pueden entre los alambres, algunos con bebés en brazos, para conseguir entrar a Estados Unidos y entregarse a las autoridades.

En mayo de 2023, una tormenta de polvo azotó el oeste de Texas y un grupo de migrantes la enfrentó de pie, clavados en el suelo del desierto, envueltos en una nube de arena, en la fila para entrar al otro lado. Hombres, familias, mujeres y niños que resistieron el filo del sol y el golpe del viento por horas. Desde el lado mexicano los vi: eran cientos de ellos a las puertas de Estados Unidos. Querían pedir asilo. Uno a uno, la Patrulla Fronteriza les abría paso y del otro lado del muro se los llevaba en camiones para procesar sus casos. Ellos no lo sabían, pero casi todos iban a ser deportados.

—La necesidad tiene cara de perro— me dijo Víctor, un migrante venezolano que conocí todavía en Ciudad Juárez. Era uno de los que quería cruzar a El Paso —. Ver a los hijos de uno pedir comida y que uno no tenga, es lo peor. Uno tiene que escapar de esa miseria.

Víctor había caminado por meses desde Caracas con su esposa y sus dos hijos, de 5 y de 3 años. Cruzó la selva del

Darién, avanzó por México y en Ciudad Juárez durante días esperó sin un techo, sin ropa limpia, sin comida y sin agua. El sueño americano sale caro. Y eso es lo que tiene la frontera: el costo de la esperanza se exhibe con crudeza.

La frontera se extiende por más de 3 mil kilómetros, es la décima más grande del mundo, pero quizá la más activa y la más volátil. Esta línea que nos divide, tan porosa y tan compleja, tan burda, tan hostil y tan dolorosa, está en el centro de la relación entre México y Estados Unidos. Es el choque entre dos fuerzas opuestas. El fallecido editor del periódico *Los Angeles Times*, Frank del Olmo, escribió alguna vez que la frontera es el encuentro entre dos grandes culturas: la tradición angloamericana de Estados Unidos y Canadá, al norte, y la tradición ibérico-india de América Latina, al sur. Y quienes viven en esa región (no solo geográfica, también emocional), entre los dos países, son el puente entre las dos culturas y los dos idiomas.

Cuando mi hijo mayor tenía cinco años me preguntó: "Papá, ¿yo soy de México o de Estados Unidos?" Le dije que de los dos. Pero, aún todo este tiempo después, todavía no sé bien cómo se vive eso de pertenecer a ambos países. Hay muchos que sí lo saben y comparten la experiencia de mi hijo. Yo no. Yo siempre seré muy mexicano porque la patria son los sabores que probamos en la infancia. Vivo en Estados Unidos desde hace más de 10 años, he hecho una familia aquí y mi trabajo es servir a los hispanohablantes que viven aquí. Estoy profundamente agradecido con este país. Y ya me resigné a que siempre estaré agobiado por la nostalgia y el deseo de querer volver.

Es el mismo sentimiento que envuelve esta escena, que en algún momento se hizo viral en internet: un estadio de los Dodgers, en el centro de Los Ángeles, a reventar. Todo pintado de azul; más de 50 mil espectadores con gorras, playeras y letreros de su equipo. Es la hora suave en la que el día se convierte en noche y el cielo va del naranja al violeta hasta fundirse en el abismo de lo negro; al fondo los edificios del *downtown* se iluminan como un enjambre de luciérnagas.

El juego avanza con la monotonía y la calma con que suelen avanzar los partidos de beisbol. Y, de pronto, el silencio se rompe con los acordes a todo volumen de la Puerta Negra. La afición explota. Suenan las bocinas del estadio y, como una reacción inmediata, casi inevitable, todos cantan a la vez.

"*Porque tus padres están celosos, y tienen miedo que yo te quiera...*"

Se desgarran las gargantas. Algunos se ponen de pie porque no hay de otra. Otros sacuden sus banderas mexicanas. Ni modo de no emocionarse con los Tigres del Norte. Miles de almas cantan al unísono el tema que los lleva a su país o al de sus padres; la letra que les recuerda a sus familias y que sacude las fibras esenciales que llevan dentro, el rincón del cuerpo en el que van los recuerdos. Bajo el cielo, la certeza de que, con música, todo es posible debajo de la piel. Bienvenidos a Los Ángeles, México.

Llegar hasta aquí no ha sido fácil. Atrás están las historias de esfuerzo y sacrificio. El largo camino en busca de lo elemental: una oportunidad. Emigrar es, tal vez, una de las cosas más complicadas de la existencia humana. Querer irse para progresar y querer volver para dejar de extrañar. El inmigrante vive siempre en esa tensión; el espacio entre los deseos y las añoranzas, el futuro y el pasado. El país que nos da trabajo y el país que nos vio nacer. Y se puede *querer* las dos cosas a la vez: la esperanza del mañana en otro sitio, y la melancolía por las cosas buenas del ayer en el lugar de siempre. Lo que no se puede es *tener* las dos cosas a la vez.

Aquella noche estaban en el estadio de los Dodgers los hijos y los nietos de los hombres y las mujeres que partieron hace décadas para darle una mejor vida a los suyos. Iban los padres que tomaron el riesgo de escapar de la pobreza por sus hijos. Las madres que no esperaron a que las cosas cambiaran en su país. Mexicanos de primera, segunda o tercera generación, pero mexicanos.

Por todo eso, cuando suena la canción, las emociones se agolpan y solo queda cantar a todo pulmón junto a los demás, que son como uno, para evitar que el pecho estalle por una congestión sentimental.

"Migrar es morir un poco," me dijo un día Alejandro González Iñárritu en una sala de cine vacía, en Pacific Palisides, California. Lo entrevisté ahí por el estreno de su película *Bardo* en 2022. La frase me tocó hondo porque es verdad: mucho se pierde cuando dejamos nuestra tierra. El Bardo, según se entiende en la cinta, es ese espacio de transición en el que quedamos atrapados para siempre quienes emigramos. Ni aquí, ni allá: en medio. Entre la ilusión por las oportunidades del futuro en otro país, y la nostalgia por las memorias del pasado en nuestro país. Millones de mexicanos migrantes en Estados Unidos vivimos así, suspendidos en el Bardo, entre dos naciones profundamente dispares.

"Probablemente en ningún lugar del mundo existan, lado a lado, dos países tan diferentes como México y Estados Unidos." Así comienza el libro *Vecinos distantes*, que en 1984 escribió el corresponsal del diario *The New York Times*, Alan Riding. "Probablemente en ningún lugar del mundo dos vecinos se entiendan tan poco." Los dos países están separados por el nivel de desarrollo, el idioma, la religión, la raza, la filosofía y la historia.

Un mural de David Alfaro Siqueiros ilustra el golpe entre las dos naciones. En 1932, el artista pasó algunos meses exiliado en California y en ese periodo pintó tres obras. La segunda de ellas, "América tropical", fue quizá la más potente y polémica. Ahí sigue ese mural, aunque desgastado y maltratado por el paso del tiempo, en el edificio conocido como el Italian Hall, en el centro de Los Ángeles. Para verlo, hay que entrar por la Placita Olvera, una plaza convertida en homenaje al folclore mexicano: un quiosco, puestos de juguetes, ropa, artesanías y música de mariachi. Ya dentro, es necesario subir al techo. No es posible acercarse mucho, un barandal metálico separa a los visitantes del fresco. Pero la enorme pintura se aprecia mejor desde la distancia.

En el verano de ese año, y parte del otoño, Siqueiros capturó en esa azotea la devastación de las antiguas civilizaciones de Mesoamérica, las ambiciones imperialistas de Estados Unidos en América Latina y el dolor ante el abuso. En el centro del mural, un peón indígena aparece en agonía, crucificado, con un águila calva sobre él. Un indio, presa de Estados Unidos.

La crítica tuvo opiniones encontradas. "'Poderoso' es una palabra tímida para describir las formas que Siqueiros ha creado," publicó en su momento el periódico *Los Angeles Times*. Pero otros pensaron que el mural era antiestadounidense y para 1938 ya estaba cubierto con pintura blanca, imposible admirarlo más.

Con su mural, David Alfaro Siqueiros se sublevaba frente al toque romántico de lo mexicano en la Placita Olvera de los años 30. El artista plasmaba la relación de Estados Unidos con América Latina desde la provocación y la altanería. El resultado fue la censura. Pero en 1971 vinieron los primeros esfuerzos de restauración del mural. El trabajo siguió lentamente hasta 1990 cuando, con nuevas técnicas de conservación y mejor tecnología, lograron rescatar la obra del pintor.

Hoy, en tonos más suaves y deslavados, el mural grita lo que Siqueiros quiso decirnos. Y el rescate del mural después de haber quedado cancelado es una metáfora de la relación entre México y Estados Unidos: el contraste entre los dos países no se puede ocultar. Son vecinos que siempre han vivido en constante tensión, pero siempre atados uno al otro.

El 14 de septiembre de 1847, el ejército de Estados Unidos llegó al corazón de México, tomó oficialmente la capital mexicana y ondeó su bandera en Palacio Nacional. El escritor Jose María Roa Bárcena, quien era muy joven durante la guerra, años después escribió sobre lo que vio. Contó en su libro *Recuerdos de la Invasión Norteamericana*, que el capitán Roberts del regimiento de rifleros de Pensilvania, izó la bandera y el resto de las tropas la saludaron con entusiasmo. Hoy todavía cuesta creer que las barras y las estrellas estuvieron en lo alto del zócalo capitalino. A pesar de los llamados del Ayuntamiento de la Ciudad para mantener la calma, numerosos habitantes de la Ciudad de México se resistieron y se enfrentaron al ejército invasor durante tres días de violencia y caos. Hubo unos 130 muertos y más de 700 heridos.

Finalmente, en febrero de 1848, México reconoció la pérdida de más de la mitad de su territorio.

Desde entonces, han corrido casi 200 años. Las dos naciones han evolucionado y han pasado de enfrentarse en batallas a tejer una compleja y estrecha red de comercio, inversiones y vínculos culturales. México es el principal socio comercial de Estados Unidos, y Estados Unidos es el principal inversionista extranjero en México. Más de 37 millones de personas de origen mexicano viven en Estados Unidos, y se estima que 1.6 millones de estadounidenses habitan en México. La red consular de México en Estados Unidos es la más grande que un país tenga en otro. La embajada de Estados Unidos en la Ciudad de México está entre las más importantes de Washington.

México y Estados Unidos están, pues, separados por el Río Bravo y, a la vez, unidos por los puentes que lo cruzan. Dependientes uno del otro. Dos países que escriben un destino compartido, pese a que están partidos por la frontera.

2. PÁGINA EN BLANCO

Cada 12 años, los ciclos electorales de México y Estados Unidos se alinean y los dos países votan por un presidente al mismo tiempo. Parece algo mínimo y en realidad es una simple casualidad de calendario, pero es importante porque, al mismo tiempo, todo lo que ocurre en México y en Estados Unidos tiene como telón de fondo la batalla por el poder.

La última vez, en 2012, eso importó poco. Ni Barack Obama ni su oponente republicano, Mitt Romney, mencionaron a México en sus debates televisados.

Más atrás, en 2000, los dos países celebraron elecciones históricas. El 2 de julio, por primera vez en setenta años, en México ganó la oposición y la alternancia política se logró con el triunfo de Vicente Fox. Y el 7 de noviembre, Estados Unidos celebró la elección más compleja y cuestionada hasta entonces. 35 días después, la Corte Suprema dio la victoria a George W. Bush.

El primer viaje que Bush hizo como presidente fue a México, un reconocimiento a la importancia del vínculo entre vecinos. "Estados Unidos no tiene una relación más importante en el mundo que la que tiene con México", dijo el 5 de septiembre de 2001. Los dos gobiernos preparaban el terreno para acercarse aún más y lograr una reforma migratoria. Seis días después vinieron los ataques a las Torres Gemelas en Nueva York y las prioridades cambiaron.

Y de la elección de 1988 surgió el Tratado de Libre Comercio de América del Norte. Después del terremoto político por la "caída del sistema", el gobierno de Carlos Salinas buscó consolidar reformas económicas y para ello era necesario acercarse al mercado estadounidense. En Estados Unidos ganó George Bush padre, con el fin de la Guerra Fría y una economía sólida. El acuerdo comercial se firmó en diciembre de 1992.

Ahora, los calendarios electorales nuevamente coincidieron en 2024. Con ello viene la posibilidad de que la relación entre los dos países se reajuste otra vez. Durante los últimos años, México ha estado en el centro de las discusiones que más dividen a su vecino del norte. Hay muchos frentes abiertos. Con el presidente Biden, los cruces irregulares de migrantes alcanzaron niveles récord. El volumen de fentanilo confiscado en Estados Unidos a lo largo de la frontera también ha ido en aumento. Esto intensificó el tono de los republicanos y la presión sobre la Casa Blanca para trabajar con Palacio Nacional en atender estos temas. Además, en los últimos años, el riesgo de que las democracias se debiliten en los dos países ha estado presente en la relación entre México y Estados Unidos.

Alguna vez le escuché decir a Biden que "las relaciones internacionales, al final, son relaciones entre personas". Nos lo dijo en una reunión íntima en la Casa Blanca, en un tono franco y en confianza; éramos un grupo de solo ocho periodistas almorzando con él en una mesa larga en el Salón Azul. El monumento a Washington se asomaba por la ventana con el invierno al mediodía. Y fue una idea que llamó mucho mi atención porque reduce los grandes problemas del mundo a una llamada telefónica desde la Oficina Oval con otros líderes globales. Apela a la importancia de la comunicación y la empatía entre dos personas para lograr una buena negociación entre dos países.

Varias llamadas hubo con Palacio Nacional. Al menos una crucial en diciembre de 2023 en la que, de acuerdo con la Casa Blanca, Biden habló con López Obrador sobre migración. Según datos oficiales, solo ese mes, la Patrulla Fronteriza tuvo 250 mil encuentros con migrantes que intentaban cruzar de México a Estados Unidos de forma irregular, un número que nunca se había visto. La seguridad fronteriza era una de las grandes debilidades de Biden en su campaña por la reelección. Aquella llamada telefónica buscaba presionar a México, o pedirle ayuda, depende de cómo se mire, para que detuviera el flujo migratorio en su territorio.

El tráfico de migrantes bajó en las primeras semanas de 2024. Una muestra de que, si las autoridades mexicanas cierran la llave, el flujo de personas sin documentos que llegan a Estados Unidos baja. Para un presidente que buscaba la reelección debió haber sido fácil concluir el problema electoral en el que podía meterse si esas mismas autoridades decidían abrir la llave. El editor de la revista *The Atlantic*, David Frum, lo explicó en una línea: "delegar a México el trabajo de reforzar la frontera abre oportunidades para que los líderes mexicanos influyan en la política de Estados Unidos".

La relación entre Biden y López Obrador fue una montaña rusa. El presidente de México tardó días en felicitar al demócrata por su triunfo en las elecciones de 2020. Y el ejemplo más claro de una actitud pasivo-agresiva fue el desaire que López Obrador le hizo a Biden en junio de 2022, cuando no asistió a la Cumbre de Estados Americanos en Los Ángeles, California. Una ausencia con la que además defendió a los regímenes de Cuba, Nicaragua y Venezuela. Y, a pesar de todo, al mes siguiente Biden lo invitó a la Casa Blanca.

Desde la conferencia mañanera hubo numerosos reclamos y reproches que Washington recibió en silencio. Incluso amenazas de que el diálogo sobre los asuntos más importantes podía suspenderse:

"El Presidente Biden tiene que enterarse de esto porque, ¿cómo vamos a estar sentados en la mesa hablando del combate a la droga, si una institución de ellos está filtrando información y dañando a lo que represento?", dijo el entonces presidente López Obrador después de que saliera a la luz el reporte de ProPública que vincula su primera campaña por la pesidencia de México con el narcotráfico. El reporte salió en febrero de 2024: un golpe bajo a solo tres meses de las elecciones en México.

Algunos políticos en Washington vieron siempre con recelo al expresidente López Obrador. A mí me lo dijo claramente Marco Rubio, a quien Trump nominó como secretario de Estado de Estados Unidos. Rubio es un político con los ojos puestos en América Latina. Hijo de padres cubanos, ha sido uno de los pocos hispanos en llegar al senado de Estados Unidos. Su historia familiar es la del sueño americano: su padre trabajaba turnos interminables en un bar y su madre limpiaba pisos en un hotel. Él mismo ha repetido el relato algunas veces cuando ha estado en campaña.

La primera vez que lo entrevisté, todavía era senador por el estado de Florida. Lo conocí en su oficina, en el edificio Russell del Capitolio, en First Street esquina con Constitution Avenue, Washington DC. Nos recibió una mujer encargada de prensa, nos mostró el lugar donde sería la charla, para comenzar la instalación de cámaras y luces de televisión, y nos ofreció agua: "El senador está por llegar".

Un enorme mapa de Florida posaba sobre una chimenea que adornaba el salón; la bandera de Estados Unidos y la de Florida en cada costado. Marco Rubio ascendió a la escena nacional y se convirtió en uno de los legisladores más influyentes, en gran medida, gracias a la maquinaria cubano-americana de Miami. Desde los años 60, el exilio de la isla ha sido capaz de moldear líderes a nivel local y estatal, y ha definido la política de Estados Unidos hacia Cuba por décadas. Marco Rubio es producto de esa estructura de poder.

Y entonces, apareció él, con 51 años; un político joven, peinado de lado, los ojos de un lince. Llegó con prisa, como en la vida: apenas tenía unos 43 años cuando buscó la Presidencia en 2015 y se enfrentó a Donald Trump. Le estreché la mano y comenzó la entrevista.

—México es un socio importante de Estados Unidos. El país, sus instituciones. Pero López Obrador no es un buen aliado. El actual presidente, desafortunadamente, se dedica a decir disparates, a interferir en la política norteamericana. Tiene un pensamiento más allá de izquierda, un pensamiento raro en términos de esa línea con todos estos dictadores del hemisferio. Y tiene una política interna con la que ha entregado gran parte de su territorio nacional a los narcotraficantes que controlan esas áreas. Eso a nosotros nos importa porque estamos viendo las consecuencias de esa violencia, esa criminalidad entrando a nuestra frontera y a nuestro país.

Cuando lo entrevisté, Marco Rubio era el vicepresidente del Comité de Inteligencia en el senado y miembro del Comité de Asuntos Exteriores. Ahora es el elegido de Trump para estar al frente de la diplomacia estadounidense. Lo que él tenga que decir sobre la frontera, la migración, el tráfico de fentanilo y México, tiene mucho peso. Definirá la relación entre los dos países.

Durante la contienda por la Presidencia de Estados Unidos, en el proceso de elecciones primarias del partido republicano, no solo hubo un discurso anti López Obrador; hubo incluso un discurso anti mexicano, inspirado en la fórmula que Donald Trump utilizó en su campaña de 2016.

En su libro de memorias, Mark Esper, quien fue secretario de la Defensa en el primer gobierno de Donald Trump, describe un episodio en el que el entonces presidente tuvo una idea: disparar misiles a los laboratorios de droga de los cárteles en México. "Nadie sabrá que somos nosotros", dijo Trump, según el relato de Esper. Quienes estaban ahí lo convencieron de no seguir esa ruta y el plan no dio frutos.

Pero esa idea, que entonces parecía extravagante, se convirtió en lugar común entre algunos republicanos en el camino hacia las elecciones de 2024. Muchos de ellos argumentaron que el uso de la fuerza militar, o la sola amenaza de ello, podía ayudar a controlar la frontera y disminuir el tráfico de fentanilo.

El gobernador de Florida, Ron DeSantis, sugirió un bloqueo naval a los barcos que van a México para evitar la importación de precursores químicos del fentanilo procedentes de China. Nikki Haley, exembajadora ante la ONU, propuso enviar fuerzas especiales como una advertencia para México. Tim Scott, senador de Carolina del Sur, declaró que, si se convertía en presidente, "permitirá que el mejor ejército del mundo luche contra estos terroristas".

El debate migratorio también se encendió. Durante toda su campaña, el expresidente Trump prometió "la mayor deportación en la historia de Estados Unidos", un plan que separaría a millones de familias mexicanas y destruiría la vida de millones de personas más que viven, trabajan y pagan impuestos en Estados Unidos.

—Terminaré con la pesadilla en la frontera —dijo Trump en su discurso de aceptación en la Convención Nacional Republicana—. Terminaré con la inmigración ilegal, cerraré la frontera y terminaré de construir el muro.

Siguió una ovación en una arena que explotaba de emoción en Milwaukee, Wisconsin. Trump se convertía oficialmente en el candidato de su partido con un discurso en el que la migración y el fentanilo, y por lo tanto México, jugaban un papel central.

De acuerdo con el seguimiento de encuestas de YouGov, en el verano de 2023, en plenas campañas primarias, más votantes republicanos tuvieron una idea negativa de México: la mitad pensaba que el país era un aliado. La otra mitad pensaba que era un enemigo. Del otro lado, 70% de los demócratas pensaba que el vecino era un aliado.

Por aquel tiempo, leí una explicación sencilla de la revista *The Economist*, que destacaba dos motivos para esto. Primero, que atacar a México era una forma de atacar a Biden y sus políticas migratorias en la frontera. Segundo, la frustración en Estados Unidos por el aumento en las muertes por fentanilo, una droga que trafican los cárteles mexicanos.

Y, un día antes de la elección presidencial, Trump lanzó su última amenaza en un mitin de campaña en Raleigh, Carolina del Norte. "Si México no detiene a los migrantes, a esta arremetida de criminales y drogas que entran a nuestro país, voy a imponer de inmediato un arancel del 25% a todos los productos que envíen a Estados Unidos".

—¿Cómo se imagina su primera llamada telefónica con Trump? ¿Qué le diría si es que él gana como presidente de Estados Unidos? —le pregunté a Xóchitl Gálvez en la segunda entrevista que nos concedió cuando era candidata para la presidencia de México y todavía nada estaba escrito.

—Empezaría por felicitarlo por su triunfo —me respondió—. Después le diría que estoy decidida a crecer la economía de México, que soy una mujer empresaria como él, que voy a respetar nuestro acuerdo comercial. Vamos a crecer la economía de México y vamos a colaborar con los graves problemas que tenemos con Estados Unidos de migración.

La pregunta y la respuesta me parecían fundamentales mientras las acusaciones desde Estados Unidos eran constantes. Quería entender cómo reaccionaba una de las candidatas a la presidencia a los señalamientos contra México.

—Los dos, tanto el actual presidente Biden como el candidato Donald Trump, quieren que México haga el trabajo sucio frenando la migración hacia Estados Unidos. ¿Qué tiene que hacer México?

—Primero, yo no hago trabajo sucio para nadie. Yo soy una mujer frontal y lo primero que les diría es que este es un problema que nos compete a los dos. Yo también estaría planteando que necesitamos una aduana más fuerte porque hoy entran muchas armas de Estados Unidos.

Al menos en el discurso político, esa ha sido la dinámica: desde el norte señalan que el sur debe frenar a migrantes y drogas. Desde el sur señalan que el norte debe frenar las armas. En campaña, esos discursos subieron de tono, sobre todo desde el Partido Republicano en Estados Unidos.

La otra constante en la relación entre los dos países durante el periodo de campañas y de transición política fue la sombra de una democracia en peligro. El tema estuvo presente de los dos lados de la frontera. En Estados Unidos por el recuerdo del asalto al Capitolio del 6 de enero de 2021, cuando una turba atacó la sede del poder legislativo y la transferencia del poder político no fue pacífica como históricamente había sido. En México, por el recuerdo de 70 años de un régimen que controló todo en el país; una "dictadura perfecta" que amenazaba con volver con otro partido, pero con un Poder Ejecutivo cada vez más fuerte.

Durante el proceso de aprobación de la Reforma Judicial en México, el embajador de Estados Unidos, Ken Salazar, advirtió que la medida representaba una "amenaza para la democracia". La declaración molestó al presidente López Obrador al punto que reaccionó diciendo que su relación con la embajada quedaría en "pausa". ¿Qué significaba exactamente esa pausa? Quedó en el aire, pero inevitablemente la relación entre los dos países pasó a una de sus etapas de mayor tensión.

Las dos contiendas por la presidencia y la transición de un gobierno a otro no solo ocurrieron simultáneamente en los dos países, sino que se entretejieron y se impactaron entre sí. Siempre con el riesgo de que, en el camino, la relación bilateral resultara deteriorada. Ahora se escribe sobre una nueva página en blanco. Quedará ver si el daño se limita a 2024, ese año doblemente electoral, o si será la nueva regla en los próximos cuatro.

3. CÓMO LLEGAMOS AQUÍ: ESTADOS UNIDOS

La contienda por la Casa Blanca duró 35 años. Eso me pareció a mí. Especialmente el verano de 2024, cuando todo se sacudió. Entre la Convención Nacional Republicana en julio y la Convención Nacional Demócrata en agosto, el destino dio una vuelta improbable y reajustó las campañas de los dos partidos.

2024 fue una carrera como ninguna otra. Un partido tuvo un candidato que fue encontrado culpable de fraude y responsable de abuso sexual. El otro partido cambió de candidato en medio del proceso electoral. En esencia, Estados Unidos eligió entre dos visiones opuestas de sí mismo. "¿América es una idea o una patria?", se preguntaba la periodista Farah Stockman en un artículo del periódico *New York Times*. Por momentos parecía que esa era la pregunta central en las campañas electorales. Una cuestión sobre el papel de Estados Unidos en el mundo: debe seguir enfocado en el liderazgo global y defender principios universales, o debe mirar hacia dentro y concentrarse solo en los suyos.

Primero, el presidente Biden lo dijo: Estados Unidos "es la idea más poderosa en la historia del mundo". Era un concepto que repetía constantemente. Su campaña, decía, era un esfuerzo por salvar el alma del país. "América es una idea más fuerte que cualquier ejército, más grande que cualquier océano y más poderosa que cualquier dictador o cualquier tirano".

El lenguaje de Biden parecía el eco del legado del republicano Ronald Reagan. Durante su último discurso como presidente, el 19 de enero de 1989, se aseguró de dejar una reflexión final a partir de la carta que un hombre le había escrito días atrás:

"'Puedes irte a vivir a Francia, pero no puedes hacerte Francés. Puedes irte a Alemania o a Turquía, o a Japón, pero no puedes convertirte en alemán, o turco o japonés. Pero cualquier persona, de cualquier esquina del planeta, puede venir a vivir a Estados Unidos y convertirse en estadounidense'", decía la carta. Y Raegan siguió:

"Sí, la antorcha de la Estatua de la Libertad simboliza nuestra voluntad y representa nuestra herencia. Es la imagen que nos concede un lugar especial en el mundo. Pues la vida de cada generación de nuevos estadounidenses garantiza que el triunfo de América continúe hasta el próximo siglo y más allá. Otros países intentarán competir con nosotros; pero en un área vital, como un faro de Libertad y Oportunidad que atrae a los pueblos del mundo, ninguna otra nación se compara.

"Esto, creo yo, es la fuente de la grandeza americana. Lideramos el mundo porque, como nadie más, traemos a nuestra gente, nuestra fuerza, de todos los países y de todos los rincones del planeta. Y al hacer eso, continuamente enriquecemos y renovamos nuestra nación".

3. Cómo llegamos aquí: Estados Unidos

Kamala Harris siguió con esa visión. En el discurso en el que aceptó la nominación como candidata demócrata a la presidencia, desde Chicago declaró: "Yo sé que podemos vivir a la altura de nuestra herencia como una nación de inmigrantes (…) Estados Unidos debe ser firme al promover nuestros valores más allá de nuestras fronteras".

En contraste, Donald Trump y el Partido Republicano, se alejaron de ese tipo de lenguaje. En la Convención Nacional Republicana, el entonces candidato a la vicepresidencia JD Vance, planteó algo distinto cuando dijo que América no es "solo una idea," es "una patria", y evocó al cementerio en una montaña del Este de Kentucky en el que contó que están enterrados sus ancestros y en el que espera que sus hijos y él terminen enterrados también.

Para algunos críticos, la visión de Estados Unidos como un país integrado por personas que comparten una historia, no solo como una nación de ideas como la libertad y la igualdad, es excluyente, nacionalista y, hasta cierto punto, xenófoba. En la revista *The Atlantic*, Adam Serwer escribió que si "Estados Unidos es una nación basada en ideas, entonces cualquiera puede ser un estadounidense. Pero si los estadounidenses de verdad son los que comparten una historia específica, entonces algunos son más estadounidenses que otros".

Hay un hecho innegable: los seres humanos, en general, tenemos un sentido de pertenencia y responsabilidad con los lugares y las personas con las que crecimos. Los estadounidenses no son una excepción. Por eso la visión nacionalista del movimiento trumpista resuena tanto con un sector de la población. El debate es profundo y es la encrucijada en la que estuvo Estados Unidos durante la contienda de 2024:

América es una nación de credo versus un lugar específico con personas que comparten tierra, historia y cultura.

Quienes hablan de América como una idea tienden a tener un enfoque global, defienden la inmigración, el libre comercio y el papel robusto que Estados Unidos debe jugar en el mundo. Quienes enfatizan que América es la patria, ven los recursos del país malgastados en "los otros", mientras las necesidades de muchos ciudadanos están ignoradas. Estas dos visiones quedaron expuestas durante todo el ciclo electoral, desde que Biden y Trump competían por segunda vez, hasta que el destino dio un giro y Kamala Harris llegó a la boleta.

4. OCTOGENARIOS POR LA CASA BLANCA

Todo apuntaba a que la elección sería una revancha entre Joe Biden y Donald Trump. La segunda parte de una película que ya habíamos visto.

Cuando lo entrevisté el 9 de febrero de 2023 en Tampa, Florida, el presidente Biden me dijo que todavía no sabía si se postularía para la reelección. Decía que aún no estaba en campaña, pero ya se comportaba como un candidato.

—¿Qué lo detiene para tomar esa decisión? —fue mi primera pregunta.

—Simplemente no estoy listo —me dijo en seco.

—¿No hay ningún motivo detrás de esto?

—No.

Su respuesta monosilábica fue como toparse de frente con una pared. Así arrancó nuestra conversación en uno de los antiguos salones con detalles victorianos de la Universidad de Tampa. Las cámaras de televisión estaban encendidas y las luces nos iluminaban solo a nosotros dos. Detrás de ellas, mi equipo (productores y camarógrafos de Noticias Telemundo) y el equipo de la Casa Blanca (asesores y la secretaria de Prensa, Karine Jean Pierre), observaban en silencio. La expectativa y la tensión llenaban la sala. Se sentía el peso del momento en la habitación.

    Conseguir una entrevista presidencial no es fácil. Toma meses de conversaciones y negociaciones. Es necesario insistir, estar en constante diálogo con el equipo de comunicaciones del gobierno, darles confianza. Para los políticos hay cada vez menos incentivos para conceder una entrevista a un periodista. En el entorno actual, los medios de comunicación ya no son necesarios para dar a conocer sus mensajes; las redes sociales han tomado un papel muy relevante. Pero las entrevistas con reporteros de verdad son importantes para la vida pública: son la oportunidad para cuestionar a un funcionario, plantearle dudas difíciles, contrastar sus posturas, preguntar y repreguntar. Un político que se considere un creyente de la democracia entiende esta importancia. Las entrevistas son un servicio al votante, aunque representen un riesgo para el candidato.

    Tal vez por eso, desde que el presidente llegó al salón en donde estábamos listos con dos sillas para entrevistarlo, inmediatamente se sintió la presión.

    La Casa Blanca solo nos aprobó 7 minutos con él. Para mí era la oportunidad de entender a este hombre, tratar de conocer sus posturas de cara a las elecciones, servir de esta manera a las personas que nos ven en Noticias Telemundo y, con suerte, hacer noticia; sacarle un titular al presidente y conseguir que otros medios de comunicación retomaran la entrevista para que tuviera una mayor difusión. Todo, en solo 7 minutos.

4. Octogenarios por la Casa Blanca

Para él, era la oportunidad de hablarle a potenciales votantes latinos. Desde entonces fue claro para mí que el equipo de la Casa Blanca quería lograr dos cosas: cuidar al presidente y evitar errores de este hombre de 81 años en una entrevista de televisión nacional, pero a la vez enviar su mensaje en un ciclo electoral que parecía comenzar más pronto de lo habitual.

Era revelador que justo después de su discurso sobre el Estado de la Nación ese año, Biden hubiera viajado a Florida, el estado que solía definir elecciones presidenciales y que los demócratas se resistían a dejar ir. Además, es el hogar de dos republicanos que aspiraban a la Casa Blanca: el entonces expresidente Donald Trump y el gobernador Ron DeSantis.

Su informe sobre el Estado de la Unión ante el Congreso había sido el martes de esa semana, y el jueves tuvo un evento frente a 150 asistentes en la Universidad de Tampa. Al salir de ese encuentro dio la entrevista exclusiva con Noticias Telemundo. También era revelador que hubiera elegido a un medio en español.

Después de su primera respuesta de una palabra, serio, a la defensiva, como un muro impenetrable, temí que estaban por comenzar los 7 minutos más largos de mi vida. Seguí con las preguntas.

—Según una encuesta de AP solo 37% de los demócratas quiere que usted vuelva a postularse.

—Eso no es cierto.

—Eso dicen las encuestas. ¿Cómo se gana a los demócratas de nuevo? Muchos de ellos están preocupados por su edad.

—Bueno, eso no es lo que yo he escuchado —me dijo Biden—. ¿Sabe de alguna encuesta que sea precisa hoy en día? Yo me siento bien en donde estamos.

Finalmente, el 25 de abril de 2023, dos meses después de la entrevista, el presidente Biden anunció oficialmente que buscaría la reelección. Era el hombre de mayor edad en la historia de Estados Unidos en lanzarse por la Presidencia. De haber terminado un segundo periodo, Biden hubiera tenido 86 años cuando abandonara la Oficina Oval. Tanto su edad como el desgaste natural por el tiempo que llevaba en la política (más de 50 años), pesaban en su contra.

Por el otro lado, desde que comenzó el proceso de elecciones primarias del Partido Republicano, se hizo evidente que Donald Trump era el mejor posicionado para ganar la nominación. Cualquiera de los dos iba a ser el hombre más longevo en llegar a la Casa Blanca. La secuela de Biden contra Trump en 2024, estaba por convertirse en el relato de un país cuyo futuro político descansaría sobre hombros octogenarios.

Cuando Barack Obama llegó a la presidencia en 2009, parecía que llegaba el cambio de una era. Durante los 16 años anteriores, solo hombres nacidos en la década de los 40 habían ocupado la Casa Blanca; ahora llegaba el turno de una nueva generación. Obama nació en los 60. Sus palabras favoritas en campaña eran "esperanza" y "cambio".

Pero el gobierno de Obama no fue una ruptura con el pasado, fue solo un breve respiro. Los dos presidentes que siguieron, Donald Trump y Joe Biden, nacieron los dos en los años 40. Y ahora los dos buscaban la Casa Blanca otra vez. Significaba que su generación podía terminar por ocupar la presidencia durante la mayor parte del periodo entre 1993 y 2029, gobernando por casi cuatro décadas.

Entre los países más desarrollados, Estados Unidos es relativamente joven. La media de edad entre sus 333 millo-

4. Octogenarios por la Casa Blanca

nes de habitantes es de 38.8 años, menor que en Gran Bretaña, Alemania, Japón y China. De acuerdo con la Oficina de Estadísticas Laborales de Estados Unidos, la mayoría de los altos ejecutivos en el país rondan los 50 años. El promedio de las personas más ricas está bajando debido a las grandes fortunas de jóvenes emprendedores. Todo esto apunta al dinamismo de la nación, con nuevas tecnologías, modas culturales e innovaciones comerciales a un paso que el mundo envida. Pero sus políticos aún son mayores que la norma y, a diferencia de otros países, envejecen cada vez más.

Para muchos votantes, esto era un problema. Biden y Trump fueron dos de los candidatos más impopulares en la historia. Según una encuesta de Reuters/Ipsos en enero de 2024, 67% de las personas dijeron que estaban "cansadas de ver a los mismos candidatos en las elecciones presidenciales" y querían algo nuevo. 18% dijo que no votaría si la elección era entre Biden y Trump.

La generación que durante el último periodo ha dominado la política estadounidense nació en un momento de triunfo para su país, al final de la Segunda Guerra Mundial, y creció en un periodo de prosperidad sin paralelo. Desde su infancia hasta que llegaron a sus 30 años, la economía de Estados Unidos fue en ascenso, los salarios aumentaron y el desempleo era muy bajo. La guerra en Vietnam, las manifestaciones y la inconformidad con el gobierno definieron su juventud.

Tan intensas fueron esas protestas y tan extendidas por toda la nación, que en 1968 la idea de que el presidente Lyndon Johnson era demasiado débil y mayor (tenía 59 años, 20 menos que Trump y 22 menos que Biden), era tan generalizada, que tuvo que renunciar a su campaña por la reelección. Su retiro trajo una crisis dentro de su partido y caos a la Convención Nacional Demócrata. Hubo violencia en las calles y desorden al interior de la convención. La crisis alejó a los votantes y, finalmente, el republicano Richard Nixon ganó esa elección.

Las reglas del sistema político cambiaron a partir de aquí. Para evitar otro episodio tan tumultuoso, de desacuerdo y ruptura dentro del partido, los demócratas permitieron que los votantes comunes eligieran a su candidato en un proceso de elecciones primarias en los diferentes estados del país. La idea era lograr que los aspirantes formaran una coalición sólida de electores para evitar dudas de legitimidad. Los republicanos siguieron esos pasos y organizaron su propio proceso interno. Lo malo de este modelo, dice la revista *The Economist*, es que abrió las puertas a candidatos populistas que, con el afán de atraer votos dentro de su partido, se fueron a los extremos y eliminaron las posiciones de centro que habían prevalecido desde la Segunda Guerra Mundial.

"Ese patrón en el que la derecha acusa a la izquierda de peligrosa radical, y la izquierda acusa a la derecha de reaccionaria sin escrúpulos, prevalece hasta hoy", publicó *The Economist*.

La Convención Nacional Demócrata en 2024 fue una muestra de que la política de Estados Unidos avanza en círculos y muchas de sus dinámicas se repiten una y otra vez. Recordar lo que pasó en 1968 es importante por su parecido con 2024. Las similitudes entre las dos convenciones son evidentes. Las dos se celebraron en Chicago. En las dos, el partido llegó al encuentro con un presidente en funciones que acababa de renunciar a sus aspiraciones de reelección. Y, en los dos casos, la tensión escaló en las universidades del

4. Octogenarios por la Casa Blanca

país durante las semanas previas. Las imágenes de 2024 parecían de otra época. Recordaban a un tiempo de descontento social. Si en 1968 las protestas fueron contra la guerra en Vietnam, en 2024 fueron contra la guerra en Gaza.

Hace 56 años, la policía irrumpió violentamente en un edificio que los estudiantes habían tomado en la Universidad de Columbia, Nueva York, y en mayo de 2024 esa escena se repitió. Equipos antimotines, policías con casco y estudiantes arrestados con las manos esposadas: el choque entre las autoridades y los manifestantes se extendió por algunos de los centros de estudios de más prestigio en Estados Unidos (Columbia, Harvard, Yale, Emory o Emerson).

A diferencia de otras protestas recientes en Estados Unidos, como Black Lives Matter por el asesinato de George Floyd a manos de la policía en 2020, o bien Occupy Wall Street por la crisis económica en 2011, este movimiento no nació a partir de un asunto interno sino de la guerra en Medio Oriente. Los manifestantes consideraban que la crisis en Gaza era, en parte, responsabilidad del gobierno de Estados Unidos.

Pero 2024 no fue 1968, cuando la policía disparó contra 28 estudiantes y mató a tres en Carolina del Sur. Ahora las protestas fueron menos violentas y las manifestaciones en Chicago durante los días de la convención demócrata fueron más pequeñas de lo que se temía. Y, aunque es verdad que su apoyo a Israel representaba un costo político con los votantes más jóvenes, Joe Biden no era impopular específicamente por la guerra en Gaza, como lo fue Lyndon Johnson por la guerra en Vietnam.

Biden era impopular por numerosos motivos. Su gobierno no solo vio el inicio de la guerra en Medio Oriente, también en Ucrania. Su gobierno, además, vio la peor inflación de los últimos 40 años, con los peores datos a mediados de 2022, después de la pandemia. Y su gobierno vio un número récord de migrantes en la frontera entre México y Estados Unidos. Es verdad que Biden consiguió pasar importantes proyectos bipartidistas en el Congreso. Entre ellos, uno representaba miles de millones de dólares para salir de la crisis por el Covid 19, otro para invertir en infraestructura a nivel nacional y uno más para reducir los gases de efecto invernadero y *transitar* a energías limpias. Pero los beneficios de esos logros tardarían en sentirse.

Biden tuvo que renunciar a la reelección, sobre todo, por culpa del paso del tiempo que a nadie perdona.

5. UN VERANO EN EL QUE TODO CAMBIÓ

Todo comenzó con la noche del primer debate presidencial, el 27 de junio. Era difícil exagerar la importancia del momento. No solo fue una noche más en la contienda por la Casa Blanca. Fue *la* noche crucial. Según el periódico *The New York Times*, 74% de los votantes planeaba ver el primer debate entre Biden y Trump: el Super Bowl de la política. Y todos ellos llegaron a la cita con una sola pregunta en mente: "¿Biden todavía tiene la condición física para ocupar la Oficina Oval?" Encuesta tras encuesta mostraba que la edad del presidente era uno de sus puntos más débiles frente a los votantes. El único trabajo que Biden tenía era el de dar tranquilidad y demostrar lucidez en el encuentro.

No lo logró. Se le veía pálido, se le escuchaba débil. Perdió el hilo de sus ideas, trastabilló, y a veces apenas se le entendía lo que decía.

En una contienda tan cerrada en la que la capacidad mental de los dos aspirantes estaba bajo la lupa, el debate fue fundamental. Donald Trump mintió y muchas veces no contestó las preguntas de los moderadores, pero esencialmente, el debate fue un choque definitivo que puso en evidencia la edad y la debilidad de Joe Biden.

El editor de la revista *The New Yorker*, David Remnik, lo dijo mejor que nadie: "Mark Twain escribió que, aunque es doloroso romperse en pedazos con la edad, todos tenemos que hacerlo. Pero, a diferencia del resto de nosotros, Joe Biden se rompió en pedazos en medio del debate en CNN, frente a decenas de millones de sus compatriotas. Hasta cierto punto, sus simpatizantes esperaban que desafiara las realidades del tiempo y acentuara la vanidad y la malevolencia de su oponente. Por eso hubo cierta crueldad en todo esto: el espectáculo de un hombre de 81 años que batalla con la memoria, la sintaxis, los nervios y la fragilidad".

No había vuelta atrás. Los votantes sabían lo que sus ojos habían visto y lo que sus oídos habían escuchado la noche del debate. Todos entendemos lo que es envejecer. Biden se enfrentaba a un rival al que nadie ha vencido, en una competencia en la que las reglas juegan siempre en contra de todos nosotros: el inclemente paso del tiempo.

Antes podía decirse que al menos tres veces en la historia de Estados Unidos un debate presidencial había cambiado el destino del país. Ahora uno más debe sumarse a esa lista.

El primer debate televisado fue en 1960, entre Richard Nixon y John F. Kennedy. Quienes lo escucharon en radio pensaron que Nixon ganó. Quienes lo vieron por televisión, creyeron que fue Kennedy. La imagen juvenil y fresca de JFK hizo la diferencia.

5. Un verano en el que todo cambió

Los otros dos ejemplos involucran a Jimmy Carter. En 1976, un mes antes de la elección, Carter logró que el entonces presidente Gerald Ford cayera en una trampa y negara, en plena Guerra Fría, que en Europa del Este existía el dominio soviético. Esto fue especialmente importante para los votantes de origen checo o polaco que se alejaron de Ford y le restaron apoyo en estados con márgenes pequeñísimos, como Ohio y Wisconsin.

Y en 1980, la presencia genial de Ronald Reagan ante las cámaras le hizo ganar el debate y arrasar en las urnas frente a Carter.

El debate entre Biden y Trump pasará a la historia como el encuentro que definió el rumbo de la contienda en 2024. Durante mucho tiempo la Casa Blanca buscó un balance entre cuidar al presidente para evitar errores, y a la vez buscar momentos para mostrarlo lúcido y capaz. La entrevista que me dio en 2023 fue un ejemplo de eso. Pero el debate de junio fue el episodio en el que ese acto de equilibrio que tanto la Casa Blanca quiso mantener, colapsó ante el país entero.

Después del encuentro, Biden luchaba por sobrevivir en la campaña, mientras Trump hacía una exhibición de fortaleza. La diferencia de edad no era mucha, el primero de 81 años y el segundo de 79, pero el contraste era enorme.

"Quiero a Trump para ir al casino con él", me dijo alguien semanas después del debate. "Que me pase un poco de su suerte". Si Thomas Mathew Crooks, el atacante de Butler, Pensilvania, hubiera disparado una pulgada más a la derecha, o si Trump no hubiera movido su cabeza, hoy estaríamos contando una historia muy distinta. Todos sabemos en dónde estábamos la tarde de ese sábado 14 de julio cuando surgió la noticia de que alguien había disparado contra Trump en un evento de campaña. Yo pasaba la tarde con mi familia en una playa de Miami cuando entró la llamada del trabajo: "Vente corriendo al estudio". En Telemundo, desde luego, interrumpimos programación y estuvimos 7 horas al aire en cobertura especial, desde que todo era confusión, hasta que por fin Trump envió un mensaje en su red social *Truth Social* y dio señales de estar a salvo.

Aquella tarde, horas antes, Thomas Matthew Crooks subió a un techo e intentó matar a Donald Trump que hablaba en un discurso frente a miles de sus simpatizantes. Crooks disparó desde la distancia una serie de tiros con lo que en el momento se describió como un rifle AR-15. Tres personas recibieron disparos, una de ellas falleció. Y una de las balas rozó la oreja derecha del candidato republicano. Si el tino del atacante hubiera sido mínimamente mejor, Trump estaría muerto. Pero solo quedó sorprendido, con la oreja sangrando. En medio del caos y el estupor, agentes del Servicio Secreto se abalanzaron sobre él para protegerlo, y antes de que lo bajaran del escenario, él, como un genio que domina el momento, se detuvo y en una fracción de segundos envió un mensaje al mundo: levantó el puño en señal de victoria. En un claro desafío al destino, pronunció las palabras, "Pelea, pelea, pelea". El instante quedó congelado en una fotografía que es ya parte del imaginario colectivo: Trump de pie, combativo, el rostro con sangre, el puño en el aire, lo rodean agentes de seguridad y la bandera de Estados Unidos ondea detrás de él en un cielo perfectamente azul.

El presidente Joe Biden, quien, debilitado después del debate, enfrentaba el llamado de los votantes y miembros de su propio partido para que se hiciera a un lado en la contienda, esa noche hizo lo decente. Publicó un comunicado y expresó su alivio porque Trump estaba en buenas condiciones: "Estoy rezando por él y por su familia, y por todos aquellos que estaban en el evento". Más tarde apareció ante reporteros en Delaware e insistió en que todo el mundo debía condenar este ataque "enfermo" contra su oponente político y dijo que esperaba hablar más tarde con él. Por un momento, Biden hizo a un lado sus profundas diferencias con Trump y su firme creencia de que esta elección decidiría preguntas fundamentales sobre el futuro y la esencia del país. Su único error aquella tarde fue agregar que "la idea de que esta violencia política exista en Estados Unidos es algo que no se había escuchado antes". Si tan solo eso fuera cierto.

En esa interminable cobertura especial en televisión, me vinieron a la mente algunos ejemplos de la historia reciente. El asesinato de John F. Kennedy en Dallas, el 22 de noviembre de 1963. El atentado contra Ronald Reagan en Washington, el 30 de marzo de 1981. Martin Luther King, Jr. el 5 de abril de 1968 y Robert F. Kennedy el 6 de junio de ese mismo año en Los Ángeles. Además, la violencia política había venido en ascenso en los últimos años, empezando por el ataque al Capitolio el 6 de enero de 2021, cuando una multitud entró al congreso para evitar que representantes y senadores certificaran los resultados de la elección de 2020. Las vidas del entonces vicepresidente Mike Pence y la entonces presidenta de la Cámara de Representantes, Nancy Pelosi, estuvieron en peligro.

Y hay otro ejemplo que es especialmente similar al intento de asesinato de Donald Trump. Hace 113 años, Theodore Roosevelt estaba en campaña para volver a la Casa

Blanca después de haber servido como presidente, cuando un hombre armado abrió fuego antes de que subiera al escenario. Pero Roosevelt siguió y dio su discurso con la bala en el pecho. Su reacción fue de la materia con la que están hechas las leyendas, y ayudó a reforzar su reputación de fuerza y tenacidad.

"No sé si entiendan que me acaban de disparar," dijo con sangre en la ropa a un auditorio asombrado en uno de los discursos más extraordinarios en la historia de Estados Unidos. "¡Pero se necesita más que eso para matar a un alce!"

Esto ocurrió en Milwakee, Wisconsin, la misma ciudad en la que Donald Trump celebró su tercera Convención Nacional Republicana en 2024, solo un día después de su intento de asesinato. Las referencias a Teddy Roosevelt estaban por todos lados. Y en el primer día del encuentro de su partido, el expresidente Trump hizo una aparición sorpresa. Los miles de asistentes estallaron en gritos y aplausos de emoción cuando lo vieron entrar. En las pantallas enormes del estadio se veía con claridad. Llevaba la oreja vendada y un rostro que parecía renovado. Desde el balcón en el que yo estaba, podía verlo de lejos caminar entre los asistentes hacia el palco con su familia. Sonaba en vivo la canción "God Bless the U.S.A."; el cantante Lee Greenwood la entonaba en vivo junto a la banda musical en el escenario. Era la primera vez que lo veíamos después de que burló a la muerte. Parecía conmovido por la recepción que le dieron sus delegados, casi al borde de las lágrimas. Un hombre no puede ser el mismo después del rasguño de una bala, pensé yo en ese momento. Y esa era la pregunta en la mente de todos: ¿Cambiará Trump después del atentado en su contra?

Sin duda cambiaron los protocolos de seguridad a su alrededor, el número de agentes del Servicio Secreto que le acompañaban aumentó y las recomendaciones para no hacer eventos al aire libre incrementaron. Pero pronto fue evidente que Trump, su carácter y sus ideas, cambiaron poco. En la última noche de la convención, cuando aceptó la nominación para ser el candidato a la Presidencia de Estados Unidos por el Partido Republicano, en un discurso de 92 minutos, Trump volvió al ataque contra sus rivales políticos y contra los inmigrantes en Estados Unidos.

Por primera vez desde Richard Nixon, un hombre recibía tres veces la nominación presidencial de su partido. Por primera vez desde Franklin D. Roosevelt, un hombre recibía tres nominaciones consecutivas. Trump hacía historia con un Partido Republicano completamente entregado a él, solo días después de haber desafiado a la muerte.

En septiembre vino un segundo episodio que conmocionó las campañas. Ryan Wesley Scott estaba listo para matar. Este hombre, de 58 años, originario de Hawaii, esperó entre los arbustos, detrás de la cerca del club de golf de Donald Trump en West Palm Beach, FL, durante 12 horas. Había empacado una bolsa con comida, una cámara digital, un rifle semiautomático y un miralejos. Mientras Trump jugaba golf en el campo ese fin de semana, un agente del Servicio Secreto descubrió su arma saliendo de la malla y le disparó antes de que pudiera abrir fuego contra el candidato. El FBI lo investigó como un intento de asesinato. El segundo esfuerzo por matar a Donald Trump en solo dos meses. La violencia política ensombreció las últimas semanas de campaña.

Y mientras Trump hacía alarde de la buena fortuna que lo mantuvo con vida, a los demócratas, parecía, no les había quedado nada de suerte. Biden estaba cada vez más aislado en su propio partido. Sus aliados (¿lo eran?) lo orillaron a salir. Nancy Pelosi, la mujer más poderosa entre los demócratas, Chuck Shummer, el líder del senado, y el expresidente Barack Obama, estaban preocupados por la contienda y operaron para que el presidente abandonara su candidatura. Biden estuvo, además, aislado físicamente en su casa de playa en Delaweare, con Covid 19. Al tiempo que Trump celebraba en su nominación, que parecía una coronación de los republicanos, los demócratas llevaban semanas en la incertidumbre.

Finalmente, un mes después de la terrible noche de Biden en el debate, vinieron su caída y el ascenso de Kamala Harris como la nominada del Partido Demócrata por la Casa Blanca. El presidente tuvo que ceder a las presiones de su partido y de los propios votantes que encuesta tras encuesta pedían su salida, y dio su apoyo a su vicepresidenta para que se convirtiera en la candidata. Un giro más en esta contienda electoral que avanzaba en espiral.

En su discurso de aceptación, en la Convención Nacional Demócrata en Chicago, el 22 de agosto de 2024, Kamala Harris marcó la culminación de una de las reinvenciones políticas más rápidas que se han visto recientemente en Estados Unidos. En los últimos cinco años trabajando en los niveles más altos de Washington, Harris había desarrollado una reputación de liberal, radical de izquierda, poco auténtica, y propensa a cometer errores con la prensa. Pero solo un mes después de haber lanzado su campaña por la presidencia, esa imagen quedó sustituida por la de una política que entusiasmó a la base de su partido, a los más moderados y a los más extremistas a la vez.

5. Un verano en el que todo cambió

"Con esta elección, nuestro país tiene una oportunidad preciosa y fugaz de dejar la amargura, el cinismo y las batallas que nos dividen en el pasado. La oportunidad de marcar un nuevo camino hacia delante", le dijo Kamala Harris a una multitud entusiasta que sacudía banderas de Estados Unidos y letreros con su nombre. "Prometo que seré presidenta para todos los estadounidenses".

Frente a millones de personas que veían por primera vez a la nueva Kamala Harris, en su discurso en la convención, en horario estelar, ella habló de su propia biografía y presumió los logros de la administración Biden-Harris, de la que formó parte; atacó a su oponente, Donald Trump, y ofreció algunos lugares comunes sobre la libertad, la oportunidad y la justicia. No dio detalles sobre sus políticas públicas. En general mantuvo un tono optimista y aprovechó para agradecer al presidente Biden por su labor: "La historia mostrará que su récord es extraordinario y su carácter es inspirador", dijo sobre el hombre al que sustituyó en la campaña, consciente de que nada de esto estaría sucediéndole si él no la hubiera elegido vicepresidenta en 2020.

Pero lo más importante de ese discurso es que nos dejó ver en dónde estaba parada Kamala Harris de cara a las elecciones. Trajo luz sobre la forma en que la candidata planeaba enfrentar las últimas semanas de la contienda. Dijo que siempre estaría de acuerdo con el derecho de Israel a defenderse frente a lo que ella llamó "el grupo terrorista Hamás", pero al mismo tiempo habló de las condiciones en Gaza y las describió como "devastadoras". Su solución, dirigida a satisfacer a los dos extremos de su coalición, era rescatar a todos los rehenes israelíes que Hamás había secuestrado un año antes, el 7 de octubre, y negociar un alto al fuego.

Solo este ejemplo sirve para explicar la delgada línea por la que Harris debía caminar para intentar ganar la elección: su objetivo era unir a su partido, a los más progresistas con los más moderados, y atraer a los votantes independientes, a los indecisos y alguno que otro republicano.

Lo mismo ocurría con el tema migratorio, uno de los puntos más débiles del gobierno que representaba. Por un lado debía mostrarse fuerte en la frontera, dispuesta a traer más seguridad, reducir la llegada de nuevos migrantes y detener a los traficantes de drogas y de personas, pero a la vez, debía recordar que su base demócrata esperaba que hablara de una reforma migratoria que ofreciera un camino a la ciudadanía para millones de personas que trabajan en Estados Unidos sin documentos y que aportan a la economía del país. Todo, sin criticar las fallas del gobierno de Biden en cuatro años. Kamala Harris caminaba, otra vez, por una línea muy delgada. Lejos de su caricatura como una radical de izquierda, debía avanzar por el centro. Sin perder de vista el peso histórico y simbólico de su campaña. Kamala Harris llegó a dar oxígeno a un Partido Demócrata que había estado en terapia intensiva. Trajo entusiasmo a una campaña que meses antes ya daba a la Casa Blanca por perdida. Harris tenía serias posibilidades de convertirse en la primera mujer presidenta del país más poderoso del mundo.

6. UNA ELECCIÓN HISTÓRICA

La mesa estaba puesta, este ciclo electoral sería como ningún otro en Estados Unidos. Si una candidata ganaba, se convertiría en la primera mujer en llegar a la Casa Blanca. Además, la segunda persona negra en ocupar la presidencia en un país en el que la esclavitud marcó la primera mitad de su historia, motivó una guerra civil y dejó una cicatriz en generaciones por venir; un país en el que la lucha por la igualdad de oportunidades continúa hasta ahora. Si el otro candidato ganaba, se convertiría en el primer criminal convicto en llegar a la Casa Blanca, encontrado responsable de abuso sexual, culpable de 34 cargos criminales por fraude financiero y acusado de decenas de cargos más.

No todos los días un expresidente llega a una corte federal. Hasta ahora, en los más de 200 años de historia de Estados Unidos, nunca antes un presidente o un expresidente había enfrentado cargos criminales. Donald Trump terminó con esa tradición en abril, cuando le imputaron 34 cargos en Manhattan. Siguió en Miami, Florida, donde le imputaron

37 cargos por los papeles secretos encontrados en su casa de Mar a Lago. Después, en Georgia lo acusaron de encabezar una organización criminal que conspiró ilegalmente para revertir los resultados de la elección presidencial de 2020. Muchas veces a Trump se le había comparado con un mafioso, pero nunca en una corte. Y en Washington DC, los cuatro cargos más graves.

Solo el caso de Manhattan llegó a un juicio antes de las elecciones de noviembre. Un jurado lo encontró 34 veces culpable de fraude financiero. Además, también en Manhattan, Trump fue encontrado responsable de abuso sexual contra la escritora E. Jean Carroll. Él siempre negó todas las acusaciones y denunció una cacería de brujas.

Nunca había ocurrido algo así. La ley no le impedía ser candidato si hubiera llegado a prisión, tampoco ser presidente. Era difícil de creer, pero esa fue la realidad sofocante en la que estuvo envuelta la democracia de Estados Unidos. Y en este terreno sin precedentes, Donald Trump, el presidente número 45 de Estados Unidos, se convirtió en el primero con una foto policiaca en su haber. Si bien pudo evitarlo en los otros casos, en Georgia la ley lo obligaba a presentarse en la cárcel del Condado Fulton después de la imputación en su contra. Ahí lo ficharon, le tomaron las huellas dactilares y le sacaron el retrato.

En política, esa imagen fue un arma invaluable para la campaña que presentaba a Donald Trump como la víctima de una persecución. Pero en el sistema judicial, era un mensaje claro: el expresidente sería tratado como cualquier otro reo en Estados Unidos.

Traje azul marino, corbata roja. Clava los ojos y observa fijamente a la cámara para su gran momento; el ceño frunci-

6. Una elección histórica

do, la mirada vagamente amenazante: el sello de Trump. Ese gesto que por tantos años el magnate ha cultivado.

¿Qué decía esa fotografía de Donald Trump? Él se presentaba como un hombre perseguido que libraba una noble batalla política. Cada una de las acusaciones en su contra motivaba a sus seguidores y su popularidad entre la base republicana aumentaba. Según su campaña, en solo tres días recaudó más de 7 millones de dólares por la venta de productos con esa imagen. Pero ¿qué había detrás de ese rostro desafiante? Un hombre de 78 años que avanzaba por el más difícil de los caminos: volver a la Casa Blanca, o el riesgo de pasar sus últimos días tras las rejas. Un sistema judicial y democrático en una encrucijada.

De todos los cargos que enfrentaba, los más graves fueron los vinculados al esfuerzo por cambiar las elecciones de 2020, cuando no reconoció su derrota, y el asalto al Capitolio el 6 de enero de 2021. Si se comprobaban los cargos, serían aquello por lo que el expresidente sería recordado. Lincoln liberó a los esclavos. Reagan ganó la Guerra Fría. Trump, si era encontrado culpable, sería recordado por haber tratado de robarse una elección.

Cuatro cargos conformaban la acusación del Departamento de Justicia en la corte de Washington DC: conspiración contra Estados Unidos, conspiración para obstruir un proceso oficial, conspiración contra los votantes estadounidenses y obstrucción. Era el crimen político más serio que puede cometerse en una democracia.

El documento firmado por el fiscal especial Jack Smith tenía 45 páginas y describía con detalle cómo el expresidente intentó cambiar los resultados electorales de 2020, sabiendo que sus afirmaciones de que hubo fraude eran falsas. Inventando evidencia, manipulando y presionando a funcionarios estatales para que sabotearan el proceso constitucional de certificación de los votos. Todo eso, según la acusación, terminó en una conspiración en contra Estados Unidos y sus votantes.

En junio de 2024, la Corte Suprema de Estados Unidos, con una mayoría de jueces conservadores, falló que los presidentes de Estados Unidos tienen inmunidad en todos sus actos oficiales, por lo que la imputación contra Trump no procedía. Esto abría una pregunta: ¿Cuáles de todos esos actos que Trump llevó a cabo para revertir la elección fueron actos oficiales y cuáles fueron no oficiales? A poco más de dos meses de la elección, el fiscal Jack Smith presentó una nueva acusación, ajustada a los nuevos parámetros de la Corte.

En el centro de todo estaba el ataque al Capitolio del 6 de enero de 2021: la turba, los videos de la multitud que invadió el Congreso, la violencia y la muerte de cuatro personas ese día. Cuatro oficiales de la Policía del Capitolio que resistían a los manifestantes se suicidaron días después. Siempre estarán esas imágenes para recordarnos la gravedad del caso y la forma en que la transición democrática de 2021 terminó en una tragedia.

La esencia de Estados Unidos, la piedra fundacional que define a este país, estuvo en riesgo. La democracia en la línea. De eso trató gran parte de la elección en Estados Unidos.

7. CÓMO LLEGAMOS AQUÍ: MÉXICO

En la plaza del pueblo de Tepetitán, Tabasco, hay un busto de Andrés Manuel López Obrador con una placa que dice: "El rostro de la esperanza, luchador incansable de los derechos de los mexicanos". Es el lugar de nacimiento del expresidente de México y así es como lo ven sus habitantes.

López Obrador conectó con una mayoría de la población mexicana. Sus simpatizantes creían, y siguen creyendo, que es un hombre, quizá el primer líder en la historia moderna del país, que de verdad se preocupa por ellos. Sus detractores temían, y aún temen, que todo es demagogia y que su movimiento puede regresar a México a su pasado antidemocrático. Pero nadie nunca ha quedado indiferente.

Por eso la contienda electoral en México giró alrededor de este hombre, aunque él nunca estuvo en la boleta. El entonces presidente López Obrador fue siempre la vara con la que debían medirse los candidatos que aspiraban a sustituirlo. Su imagen ha estado presente en la vida pública por más de 30 años, y su sombra definió las propuestas, los debates, incluso los discursos y los gestos del periodo de campañas.

¿Héroe o villano? El juicio sobre su personalidad y su gobierno estuvo todo el tiempo secuestrado por esta pregunta. Su propio mensaje se benefició de esta profunda división mexicana: ser pro o anti-AMLO. Liberal o conservador. Chairo o fifí. Entre esos dos extremos, sin posibilidad de matices y claroscuros, estuvo envuelto el proceso electoral. Pero el legado de López Obrador es mucho más complejo y difícil de explicar.

Imposible, por ejemplo, ignorar su apuesta por los pobres. En una de las sociedades más desiguales, centró su narrativa en los que menos tienen y tomó medidas clave, como apoyos directos y el aumento del salario mínimo, para reducir los niveles de pobreza ante el abandono de gobiernos anteriores. Pero imposible ignorar, también, que incluso los más pobres perdieron en varios rubros. Durante el sexenio de López Obrador, el sistema de salud quedó aún más debilitado, la educación pública no mejoró y la violencia se expandió como nunca en México.

En medio de estas contradicciones, AMLO ganó una lealtad incondicional de grandes sectores del país, una alta popularidad y amplio margen de maniobra que se encontró con una oposición desdibujada. De acuerdo con el promedio de encuestas de Oraculus, la aprobación de AMLO nunca bajó del 60% y rozó el 80% al final de su gobierno. "López Obrador fue un parteaguas en la historia reciente de México", me dijo el analista político Carlos Bravo Regidor. Fue el primer presidente que ganó con una mayoría, que gobernó con mayoría en el congreso y que mantuvo una aprobación alta de manera constante, pues hizo que muchas personas se sintieran escuchadas y representadas. Pero "también tiene un lado B", siguió Carlos Bravo Regidor: "Siendo un presidente que prometió radicalizar la democracia, en realidad lo que hizo fue empobrecerla. El obradorismo se basa en el discurso de empoderar a la gente, pero a quien empoderó fue a él mismo".

López Obrador encabezó lo que él llamó la Cuarta Transformación del país, un movimiento que, él aseguraba, lo trasciende y lo pone a la par con héroes nacionales como Morelos, Juárez o Zapata. La continuación de ese movimiento es lo que estuvo en juego en las elecciones presidenciales.

El 5 de febrero, a cuatro meses de que el país fuera a las urnas para definir su futuro, el todavía presidente Andrés Manuel López Obrador presentó un plan de lo que debía ser el siguiente paso de esa Cuarta Transformación. Le llamó el Plan C, pero no fue más que su agenda impuesta sobre la candidata de su movimiento, Claudia Sheinbaum. Ella siguió el diagrama al pie de la letra. La propuesta incluía seguir con la militarización de las instituciones, ampliar las hipótesis de la prisión preventiva oficiosa, la desaparición de órganos autónomos que supervisaban al Poder Ejecutivo, modificaciones a la representación parlamentaria y una reforma al Poder Judicial, entre otras que, de ganar las elecciones, debían aprobarse con el nuevo congreso y el nuevo gobierno.

En su editorial del 11 de marzo de 2024 en el periódico *Reforma*, el analista Jesús Silva-Hérzog Márquez escribió: "No está en juego el gobierno, lo que está en la cuerda es el régimen democrático. No tiene sentido hablar del mérito de las propuestas, de la solidez de las trayectorias, de la viabilidad de las promesas (de las candidatas) si no nos damos cuenta que se nos invita a desmontar definitivamente los contrapesos y a sofocar los espacios de la pluralidad. Ese es el eje de la elección de junio: un referéndum sobre la democracia liberal".

 Y por el otro lado, la oposición se unía en una coalición antes imposible de imaginar. A la candidata de la alternativa, Xóchitl Gálvez, la respaldaban el Partido Acción Nacional (PAN), que había tenido el poder entre el 2000 y el 2012, años en que la violencia en México se disparó, El Partido Revolucionario Institucional (PRI), que volvió al poder en 2012 y se caracterizó por la corrupción y el desprestigio, y el Partido de la Revolución Democrática (PRD). Furiosos rivales por décadas, los tres organismos estaban unidos solo por su enemistad y desacuerdo con López Obrador. Eso significó que Xóchitl Gálvez no consiguiera exponer una opción clara, una agenda o un mensaje mínimamente coherentes.

 Esas dos visiones fueron la constante a lo largo del ciclo electoral: todo o nada. A favor de continuar con la transformación de AMLO, o completamente en contra.

8. LA SOMBRA SOBRE LAS CAMPAÑAS

México es un cementerio. Desde 2018, se han encontrado unas 3,000 fosas clandestinas en el país.

La tragedia no es nueva, pero empeora cada vez más. Van casi medio millón de homicidios en 20 años. Más de 200 mil, solo en los últimos 6 años. El número de personas muertas y desaparecidas se disparó desde que el expresidente Felipe Calderón inició la llamada "guerra contra el narcotráfico." Los grupos criminales se fracturaron y pelearon entre ellos. Desde entonces la violencia se ha desbordado. Durante aquel sexenio, hubo un promedio de ocho personas desaparecidas cada día. En el de López Obrador, el dato subió a casi una persona desaparecida cada hora. Un horror cotidiano.

Durante el ciclo electoral mexicano, los homicidios se amontonaron día a día. La violencia política se convirtió en rutina de las campañas. Desde hace años, la violencia había transformado la vida cotidiana del país, pero en estas elecciones, como en las intermedias de 2021, se hizo aún más evidente la magnitud de la crisis. Los crímenes políticos significaron la desaparición de la democracia en zonas enteras del territorio nacional. En cualquier país del mundo, el asesinato de un solo candidato a un puesto público, local, estatal o federal, debería ser un escándalo. En México mataron a más de 30 durante todo el proceso electoral. Políticos, funcionarios, dirigentes de partido, candidatos o sus familiares, ejecutados antes de la elección, desde Chiapas hasta Zacatecas, pasando por Guanajuato. Las balas decidieron quién llegaba a la boleta y quién no.

"La democracia en México está en riesgo, sin duda", me dijo el periodista Ciro Gómez Leyva cuando lo entrevisté en su estudio de televisión. "En regiones enteras del país el crimen dicta todas las actividades. ¿Cómo se puede pensar que la gente saldrá a votar en libertad?"

El 11 de diciembre de 2006, el entonces presidente Felipe Calderón ordenó los primeros operativos conjuntos de la policía y el ejército contra el crimen organizado. De ahí nació la consigna "guerra contra el narcotráfico". El gobierno de Enrique Peña Nieto se abstuvo de utilizar el término "guerra", pero siguió con el enfoque de castigo y enfrentamiento. El de López Obrador, por su parte, optó por una política a la que llamó de "abrazos, no balazos", pero que consistió en la militarización del país como no se había visto antes. Tres sexenios, con tres presidentes y tres partidos distintos, han traído a México hasta aquí.

Hoy, el promedio va de unas 80 a 90 personas asesinadas al día. Todo lo que se haga en México, absolutamente todo, está inmerso en esa intemperie de un país peligroso.

8. La sombra sobre las campañas

Ese aire violento soplaba sobre el Zócalo de la Ciudad de México la mañana en que conocí a Ceci Flores, una madre buscadora. A lo lejos la distinguí entre la gente, caminando hacia nosotros en medio del primer cuadro nacional, a la altura de la asta bandera. Sus dos hijos están desaparecidos y su lucha por encontrarlos se ha convertido en un símbolo. Ella dice que es una madre huérfana: "Estamos abandonadas por el gobierno que debería estarnos acompañando y apoyando. Pero yo, no porque el presidente no me quiera recibir, no voy a dejar de buscar a mis hijos".

Un lunes de marzo de 2024, llegó hasta las puertas del Palacio Nacional con una pala para el presidente López Obrador. No la dejaron pasar. El martes regresó vestida de beisbolista para ver si así el presidente, aficionado, la recibía. También llevaba una pala, pero tampoco la dejaron pasar.

Yo la conocí el miércoles de esa misma semana, también frente a las puertas del Palacio Nacional. Sonaron las campanas de la catedral.

—¿Qué le quiere decir al presidente?

—Pues que haga su trabajo. Que cumpla lo que prometió en campaña. Él nos prometió que este iba a ser un palacio de puertas abiertas; nos dijo que el tema de las desapariciones iba a ser su prioridad. Pero no. No lo cumplió.

La pala, me explicó Ceci Flores, era para que el presidente les ayudara a ella y a otras madres a cavar la tierra y buscar a sus desaparecidos. Y el jueves, desde Oaxaca, el presidente le respondió en su mañanera: "Con muchísimo respeto le digo que la voy a recibir en su momento. Por ahora hay temporada política electoral, no queremos que nos usen".

Según los datos oficiales, ajustados por el gobierno de López Obrador, en México hay alrededor de 100 mil personas desaparecidas. La señora Cecilia Flores asegura que hay muchos más. Algunas cuentas apuntan a que hay incluso más de 150 mil. Aún con esa controversia en los números, una cosa es cierta: son demasiadas. Estaban, y ahora quién sabe en dónde estén.

Solo Ceci Flores, con su organización de Madres Buscadoras de Sonora, me dijo que ha encontrado más de mil personas con vida a las que se les había perdido el rastro. Desde 2015 ella no sabe nada de sus hijos y en su lucha por dar con ellos, ha encontrado a los hijos de otras madres.

—Todas las mañanas salgo y busco a los míos. Y no los encuentro, pero a veces encuentro a los de alguien más.

—¿Y eso le da más esperanza?

—Sí, pero luego en la noche llega la tristeza. Yo creo que a nosotras las madres buscadoras en la noche nos cae la soledad.

También ha encontrado cuerpos, miles de ellos. Tirados en el desierto, enterrados en los patios traseros de domicilios particulares en las ciudades, abandonados en fosas clandestinas. Por eso creo que lleva siempre una mirada dura y una voz áspera. Es la firmeza que uno adquiere cuando la vida le duele; el carácter impenetrable de quien lleva muchos años lastimado. Aprieta la mano cuando saluda y parece que no deja espacio para que la fragilidad se asome.

—La veo fuerte, —le dije —¿Por dentro está igual?

—No. Por dentro es muy distinto. Tener un hijo desaparecido es perder la vida y tener la obligación de seguir de pie para buscarlo.

Es el rostro de la tragedia mexicana. ¿Cómo se puede terminar con la violencia criminal en el país?, pensé yo ese día cuando me despedí de Ceci Flores. Esa era la gran pre-

8. La sombra sobre las campañas

gunta que las candidatas a la Presidencia de México debían responder. Ese es el gran reto a resolver. Imposible hablar de otros asuntos si el país está sumido en el crimen, la corrupción y la impunidad. Por eso la contienda electoral estuvo definida por la violencia.

Durante las campañas, tanto Xóchitl Gálvez como Claudia Sheinbaum se mantuvieron fieles a las estrategias que, sin éxito, gobiernos anteriores habían empleado hasta ahora.

—¿Qué será lo primero que hará si llega a la Presidencia? —le pregunté a Claudia Sheinbaum en la entrevista que me concedió.

—El tema de la violencia es algo que nos duele en México —me dijo—. En la ciudad hemos impulsado leyes para erradicar esto y esas serían unas de mis primeras acciones.

Era verdad, las tasas de delincuencia bajaron en la Ciudad de México durante su gobierno. Después supimos, entre otras cosas, que también planeaba incorporar a la Guardia Nacional al mando militar y ampliar la prisión preventiva, una medida por la que México ya había sido condenado por la Corte Interamericana de Derechos Humanos en 2022.

La conversación con Xóchitl Gálvez durante el verano de 2023, cuando irrumpió como candidata en el panorama electoral, fue así:

—¿Cuál es el principal problema de México?

—La inseguridad y la impunidad.

—¿Cómo se resuelven?

—No está fácil. Cada parte tiene que hacer su trabajo. Hay que combatir la corrupción y la ineficacia. A veces el policía detiene a un delincuente, pero el Ministerio Público no hace su trabajo por ineficaz, por inepto o por corrupto. Hay que romper ese círculo perverso.

Ya en campaña, Gálvez propuso, entre otras cosas, construir una mega prisión que a muchos recordó la del presidente de El Salvador, Nayib Bukele.

Ninguna de las dos candidatas habló con detalle de estrategias distintas que recompusieran el tejido social o rompieran el ciclo de la violencia desde su origen. Nadie habló de un plan a largo plazo; nadie nos hizo imaginar el futuro de un país en el que la vida diaria pudiera transcurrir en paz. En las semanas previas a la elección presidencial en México, entrevisté a José Nabor Cruz, el secretario ejecutivo del Coneval, el órgano que mide la pobreza en México. Para él, ese futuro comienza hoy con un sistema educativo sólido.

—¿México es un país mal educado? —le pregunté en su oficina sobre la Avenida Insurgentes en la Ciudad de México.

—México es un país desigual. Yo más bien hablaría de una brecha educativa, sobre todo en el ámbito rural y concretamente en las comunidades indígenas.

25 millones de mexicanos, es decir, 1 de cada 5, tienen rezago educativo. Significa que, si son adultos, no acabaron la primaria. Si son niños, quiere decir que no van a la escuela. Y luego está la calidad de la educación. De acuerdo con los últimos datos de la prueba PISA, el programa que evalúa la educación en los países de la OCDE, en 2022 México retrocedió una década en matemáticas y lectura. Una mala educación, insistió José Nabor, acentúa la pobreza y ésta es el origen de los problemas sociales que padece el país. "La educación debe ser la prioridad del nuevo gobierno," me dijo.

Hay iniciativas privadas que buscan llenar el vacío que por ahora deja la educación pública. Un ejemplo está en la comunidad de Escalerillas, junto a un relleno sanitario a

8. LA SOMBRA SOBRE LAS CAMPAÑAS

las afueras de la Ciudad de México. Desde siempre, quienes viven ahí, generación tras generación, han sido *pepenadores*: buscan entre la basura, encuentran algo que funcione y lo venden como pueden. El olor ácido y podrido raspa la garganta. El calor y la humedad del verano elevan aún más la fetidez. En estas casas de lámina y cartón, los desechos marginan. Llegué hasta ahí para conocer a un hombre que quiere terminar con eso. Se llama Alan Franco, es el director general de Fundación para la Asistencia Educativa, y está al frente de una escuela en Chimalhuacán. Él llegó ahí porque hacía falta un colegio gratuito para los niños de la zona, pero no hay escuela pública. Ahora, 115 niños estudian en sus aulas, desde kinder hasta sexto de primaria.

—Son los más pobres entre los más pobres —me dijo en un recorrido que nos dio por las instalaciones de su colegio—. Los papás no tienen una educación básica. ¿Y entonces la familia qué es lo que hace? Como uno es reciclador, el abuelo fue reciclador y pues el niño no tiene otra opción más que ser reciclador. Se mantiene ese círculo vicioso.

Me impresionó entenderlo: la pobreza más cruel es la que nos roba también la posibilidad de imaginarnos distintos. La que nos deja sin horizontes, condenados al mismo destino inevitable. Pero Alan, que va y viene por los pasillos de este colegio, revisa los salones de clase, saluda a los alumnos y pregunta a los maestros qué necesitan, desde aquí intenta cambiar las cosas. Al menos para esta comunidad, al menos para estos niños.

Julia es un botón de muestra. Sus papás trabajaban en el basurero, ella llegó a esta escuela con tres años, estudió en estas aulas, comió su lunch del recreo en las mismas mesas donde la conocimos y entrevistamos, y hoy es la directora académica del lugar: "Es una bendición. Ahora me toca a mí regresar lo que me dieron".

Ojalá la respuesta fuera obvia. ¿Cómo detener la violencia en México? Conocemos la pregunta, estamos acostumbrados a ella. Así fue durante todo el ciclo electoral y así ha sido en las últimas dos décadas. No ha habido nada más frecuente y más constante en la vida cotidiana mexicana que la violencia. Y, al mismo tiempo, qué lejos parece la respuesta. Qué ausente estuvo en las campañas.

"Cuando *todo* ha fallado, hay que rearmar el sistema desde sus cimientos, revisando *todas* nuestras normas y procedimientos, capacitando a cada eslabón del aparato, aumentando salarios e incentivos y cerrando el margen a la corrupción. La legalización paulatina de las drogas es otro paso indispensable. Y se impone, sobre todo, mirar la violencia de *otra* forma: no como una salida ilógica, propia de criminales sin escrúpulos, sino como la única vía que han encontrado distintas fuerzas sociales para dirimir sus conflictos", escribió el autor Jorge Volpi.

Mirar la violencia de otra forma. Por eso para José Nabor, de Coneval, lo primero que el nuevo gobierno debe hacer es invertir en infraestructura para las comunidades más marginadas, y aumentar los apoyos para que más niños puedan estudiar. El esfuerzo sería un primer paso para reducir la desigualdad y la necesidad de algunos sectores del país de cometer crímenes violentos.

En la escuela de Alan, en Chimalhuacán, conocí a Perla cuando venía saliendo de un examen de matemáticas. Nos sentamos en una banca, frente a la puerta de su salón de clase, con el calor del mediodía, la sombra de un árbol ralo, las risas de los niños en el patio del recreo, y le

8. La sombra sobre las campañas

pregunté cómo le fue en la prueba. Tímida me dijo que bien. Apenas tiene 12 años. Seguí: ¿qué te dicen tus papás de tus calificaciones?

—No me da pena decirlo, pero mis papás son pepenadores. Trabajan en la calle.

Me dijo y bajó los ojos y yo me sentí muy mal. Traté de hablar de otras cosas: su escuela, sus amigos, sus juegos y le hice esa pregunta que tantas veces he hecho y que tanto me gusta hacer cuando puedo entrevistar a un niño: ¿Qué quieres ser de grande?

—Me gustaría ser licenciada— respondió. Levantó la cara y sonrió solo de pensarlo—. Algo grande. Quiero que mis papás ya no estén en la calle.

Es el trabajo de Alan y de quienes hacen posible esta escuela: devolver al menos la ilusión y la posibilidad de imaginar un futuro más próspero y posible para estos niños. En el mejor de los casos, la ayuda o la asistencia de organizaciones no gubernamentales, debe ser la acción de corregir ciertos errores y excesos del sistema. Y eso es lo que vi en esta escuela de Chimalhuacán: un esfuerzo por apuntalar lo que está mal, y una muestra de que la respuesta a esa gran pregunta nacional (¿cómo detener la violencia en México?) puede estar en el aula y en el patio de un colegio.

Gracias a la ayuda de grupos como la Federación Alemana de Futbol y el Gobierno de Turquía, que creen en este proyecto y han donado dinero, Alan pudo construir tres nuevos salones de clases que, cuando yo fui de visita, acababan de terminarse, todavía estaban vacíos y olían a pintura fresca. El eco de nuestras voces retumbaba en los muros blancos.

—¿Tú ves un salón nuevo como este y qué piensas?

—Futuros. Futuros para niñas y niños, para la comunidad, para el país y también para la humanidad.

El gobierno de López Obrador terminó como uno de los más letales de la historia. Concluyó con más de 200 mil homicidios, según datos oficiales, y semanas de una guerra sin tregua en Sinaloa, justo antes de entregar el poder.

9. DOS MUJERES

1. Cobertura desde la frontera entre México y Estados Unidos.

2. Un grupo de migrantes con el deseo de entrar a Estados Unidos.

3. Entrevista con Víctor, inmigrante venezolano en la frontera.

4. Intercambiando impresiones con Joe Biden, entonces presidente de Estados Unidos.

5. La entrevista con Biden en pleno desarrollo.

6. Segunda conversación con Marco Rubio, elegido por Trump para estar al frente de la diplomacia estadounidense.

7. Elocuente, implacable, Marco Rubio exponiendo sus ideas.

8. Con Marco Rubio después de una entrevista para hablar de la relación México, Estados Unidos.

9. Atendiendo las impresiones del político estadounidense Bob Menéndez.

10. Cobertura de la Convención Nacional Republicana.

11. Trabajando en el reporte de noticias y, al fondo, Donald y Melania Trump, ante el público republicano.

12. Donald Trump en la Arena de Milwaukee listo para participar en la Convención Nacional Republicana después del primer atentado contra su vida.

13. Con la entonces candidata a la presidencia, Xóchitl Gálvez, elegida por la oposición.

14. Entrevista con Claudia Sheinbaum antes de las elecciones presidenciales.

15. Semanas después, Sheinbaum ganaría de forma contundente la elección por la Presidencia de México, la primera mujer en la historia de nuestro país en lograrlo.

16 Visita al Puerto de Manzanillo.

17. En entrevista con un miembro de la marina mexicana.

18. Descubriendo los misterios que encierran estos contendedores.

19. El equipo a cargo del reportaje sobre la entrada de precursores químicos de Asia a Estados Unidos.

20. Un encuentro con el Papa Francisco: momento en el que le muestro la imagen conmovedora de una familia de migrantes cruzando el río de la frontera norte.

21. El Papa, atento y afectado por lo que miles de personas sufren a diario en busca del sueño americano.

22. Cobertura del incendio en el Centro de Detención para Migrantes en Ciudad Juárez, Chihuahua.

22. Migrantes afectados por la tragedia del incendio.

24. Testimonios de familiares y amigos de los migrantes víctimas.

25. El dolor que no cesa, la voz de un largo andar.

26. Con el exsecretario de Seguridad Nacional de Estados Unidos, Alejandro Mayorkas.

27. Cobertura en la frontera, fin del Título 42.

28. Bajo el "resguardo" de la Border Patrol.

29. En medio del camino, en medio de la nada y lejos de casa.

30. Un grupo de migrantes se entrega a las autoridades de Estados Unidos.

31. Con Kamala Harris, cuando aspiraba a ser la primera mujer presidenta de Estados Unidos.

32. Después de una larga charla con Harris donde compartió sus aspiraciones de llegar a la presidencia.

33. En busca de un lugar para compartir la noticia más reciente, la que marcará nuestra historia.

No es poca cosa. Es más bien un logro que dos mujeres fueran las dos únicas opciones para decidir quién gobernaría México. Solo hay que recordar las estadísticas: cada día, en este país, 10 mujeres mueren asesinadas por el solo hecho de ser mujeres. Por cada 100 pesos que gana un hombre, una mujer gana 86. Y aunque hay heroínas de renombre a lo largo de la historia, madres y trabajadoras ejemplares por todo su territorio, las posiciones de poder siempre habían estado en manos de hombres. Por eso 2024 fue un giro en la vida nacional.

Todavía viven algunas mujeres en México con el recuerdo de aquel 17 de octubre de 1953, cuando adquirieron el derecho a votar y ser votadas. En su campaña electoral, Adolfo Ruiz Cortines se comprometió a llevar a cabo la reforma del sufragio femenino y aquel día, después de décadas de lucha, el presidente hacía de su promesa una realidad.

"Me entusiasmó mucho ver a todo el grupo de mujeres ahí, como diciendo, ya estamos aquí, ya somos reconocidas".

me dijo la señora Estela Mujica, con 87 años, en su casa en el sur de la Ciudad de México. Las líneas del tiempo en su rostro contaban un cuento con solo una sonrisa. La entrevisté porque había leído en el periódico que ella fue una de las asistentes el día en que el entonces presidente celebraba el decreto a favor de las mujeres en el Palacio de Bellas Artes. Recordó la fecha con emoción. Ella tenía solo 16 años. "Me sentía muy conmovida, porque yo decía ¿y por qué nosotras no teníamos el derecho? ¿Por qué estábamos limitadas? Faltaba mucha educación para la mujer, más bien, diría que estaba soterrada".

En su casa llena de fotografías, había muchas en blanco y negro. Ahí aparecía ella en las marchas de 1968, por ejemplo, parte de la historia que definió al México moderno. Ese mismo día, Adolfo Ruiz Cortines otorgó el nombramiento honorario a La Primera Mujer Congresista: Hermila Galindo, la mujer que fue en contra de la Constitución de 1917. Nacida el 2 de junio de 1886 en Lerdo, Durango, Hermila Galindo fue una de las principales luchadoras de los derechos de las mujeres. Quedó huérfana de madre a los tres días y de padre a los 16 años. En 1911 se mudó a la Ciudad de México.

La Constitución de 1917 resolvió que solamente fueran los ciudadanos educados quienes pudieran votar, pero las mujeres, aunque letradas, quedaron excluidas. Ellas, se creía, debían concentrarse en la unión y el bienestar de la familia, aisladas de la vida pública. La política se consideraba un asunto inmoral que podía corromperlas. Pero el texto de la Carta Magna no eliminaba textualmente a las mujeres, solo no las mencionaba. Por ello, Hermila Galindo lanzó el desafío y se postuló como candidata a diputada: la primera

9. Dos mujeres

mujer en competir por un cargo público de elección popular en la historia de México.

En aquel tiempo, su postulación fue motivo de burlas. Pero 36 años más tarde dio frutos. Ese 17 de octubre de 1953, el Diario Oficial de la Federación publicaba el nuevo texto del Artículo 34 constitucional: "Son ciudadanos de la República los varones y las mujeres que, teniendo la calidad de mexicanos, reúnan, además, los siguientes requisitos: haber cumplido 18 años, siendo casados, o 21 si no lo son, y tener un modo honesto de vivir".

Un año después, el 19 de agosto de 1954, Hermila Galindo murió.

En 2024, México estuvo llamado a votar por una mujer presidenta. La primera en su historia. El país daba un paso gigante hacia el progreso y la igualdad de oportunidades. "Siempre yo reflexioné", me dijo la señora Estela Mujica con la voz entre cortada "yo creo que llegará el tiempo en que llegue una mujer. Y mire ahora. Aquí estamos".

Las opciones no podían haber sido más distintas. Claudia Sheinbaum, por Morena, es seria, comedida y reservada. Xóchitl Gálvez, por el Frente Amplio por México, es sonriente, dicharachera y atrevida.

Cuando las entrevisté, a las dos les pregunté por qué querían ser presidentas de México.

—Estamos viviendo un tiempo histórico excepcional en México, —fue la respuesta de Claudia. —El cambio que hizo el presidente López Obrador es muy importante y yo creo que ese cambio tiene que consolidarse. Y segundo, porque creo que es el tiempo de las mujeres.

Conversamos con ella cuando todavía era Jefa de Gobierno de la Ciudad de México, pero ya hablaba abiertamente de sus aspiraciones políticas. La entrevista fue en un sitio conocido como La Carbonera, dentro del Antiguo Palacio del Ayuntamiento, con el zócalo capitalino frente a nosotros. "Supongo que le llaman así porque aquí antes guardaban carbón", me explicó ella. Hernán Cortés ordenó la construcción del edificio en 1522. Ahora este salón es la biblioteca que alberga los archivos de la administración de la capital del país. Tres vitrales lo decoran con imágenes de la fundación de México: el águila, la serpiente y el escudo de armas que Carlos V otorgó a la ciudad en la colonia. Sus estantes guardan secretos históricos en libros de pasta vieja y papel desgastado por el transcurso de los años. La madera del piso cruje con cada paso. Y en ese lugar que encapsula el relato de los siglos, Claudia Sheinbaum confesó que ella misma quería hacer historia. "Es el momento de las mujeres", insiste. "Tener la posibilidad de ser la primera presidenta de México es una oportunidad única".

Pero la historia no suele escribirse sin dificultades. El metro era su talón de Aquiles en ese tiempo. El accidente del 7 de enero de 2023, en el que una persona murió y 57 resultaron heridas, acababa de ocurrir antes de nuestro encuentro y puso el foco, otra vez, en las condiciones de este sistema de transporte. Antes, en 2021, hubo otro de mayores proporciones: 27 personas murieron. Cuando le pregunté sobre esto, Claudia Sheinbaum aseguró que tenía la mirada puesta en el metro y los recursos necesarios asignados a su mantenimiento. Es verdad que el presupuesto del metro aumentó casi 25% en 2022. Pero según México Evalúa, un centro que monitorea la operación del gobierno, los fondos fueron para resolver áreas que ya tenían problemas como la Línea 12 (donde fue el primer accidente mortal), no para evitar nuevas complicaciones.

9. Dos mujeres

Días después de la entrevista, llegó la Guardia Nacional al Sistema de Transporte Colectivo. Le pregunté cómo podía explicarse que la mayor parte de los accidentes en la historia de décadas de funcionamiento del metro, hubieran ocurrido durante su gobierno. Me dijo que eso es algo que la fiscalía tenía que explicar, no ella. La pregunta y, sobre todo, su respuesta, eran cruciales en ese momento porque mientras ella enfrentaba esta crisis, su principal opositor dentro de Morena, el entonces canciller Marcelo Ebrard, celebraba con éxito la Cumbre de Líderes Norteamericanos en Palacio Nacional y avanzaba, aunque muy lentamente, en las encuestas. Cualquiera de los dos necesitaría del apoyo del presidente López Obrador para ganar la candidatura de su partido y después la Presidencia.

—Dicen que usted es la consentida —la reté. Ella hizo una mueca incómoda, una breve pausa y reviró:

—Tal vez lo digan porque soy mujer, no sé si lo dirían si fuera hombre.

Finalmente, el 7 de septiembre de 2023, el proceso interno de Morena llevó a Claudia Sheinbaum a la candidatura. En contra de lo que dicta la ley, de forma extraoficial, la contienda comenzó el verano de ese año: más temprano que nunca. La oposición, del otro lado, también aceleró el paso. Tres partidos que antes eran enemigos históricos se unieron en una coalición amorfa que en ese mismo verano nombró a Xóchitl Gálvez como su candidata.

En un inicio, Gálvez sacudió el ciclo electoral cuando se presentó como senadora de oposición en Palacio Nacional y López Obrador no la dejó pasar a su conferencia mañanera. Ella exigía hacer valer su derecho de réplica; aseguraba que el presidente la había difamado. Él le negó el paso. El momento cobró notoriedad y la catapultó hasta las campañas presidenciales. Su popularidad se disparó y su presencia en los medios de comunicación fue constante. En solo un par de semanas, logró recolectar más de 500 mil firmas, cautivó a millones de personas que habían visto sus videos en línea y creció en las encuestas. Cuando yo la conocí en aquel mes de junio, todavía antes de que fuera oficialmente la candidata, ella ya asomaba una sonrisa confiada que solo puede tener aquel que guarda en el fondo una certeza. Xóchitl Gálvez ya se veía como la favorita para ser la nominada de la oposición.

Nos encontramos después de un largo día de trabajo. Amablemente nos recibió en su casa para una entrevista con Noticias Telemundo. Venía de cumplir con compromisos de su campaña y después de nuestra charla tenía previsto ir a otra entrevista de radio para de ahí partir hacia Guanajuato. Huipil y collar bien puestos, se acomodó el pelo, se revisó en un espejo y tomó asiento frente a mí. Luces y cámara encendidas.

—¿Por qué quiere ser presidenta de México?

—Porque este país merece más —me dijo Xóchitl.— No merece odio, división. No merece que el tema de salud esté del *cocol*. No merece tanta violencia, de verdad que las cosas se han salido de control.

Uno de los principales ataques del Presidente López Obrador contra Xóchitl Gálvez giraba alrededor de su calidad de empresaria. Propietaria de dos compañías, había hecho negocios con dependencias del gobierno. De acuerdo con una investigación del sitio de internet *Animal Político*, sus empresas obtuvieron 49 contratos en 18 años, entre 2005 y 2023. La mayoría se dieron mientras ella fue funcionaria pública, durante su paso por el gobierno de Vicente Fox.

9. Dos mujeres

"No hay conflicto de interés. Todo es legal", me dijo Gálvez. "Tan es legal que tuvimos contratos en el pasado y ahora tenemos contratos con el gobierno actual". Lo cierto, según la investigación de *Animal Político*, es que casi todos esos contratos fueron por adjudicación directa, una práctica que ella criticó en su campaña presidencial.

El asunto era importante en una contienda en la que el desdén por los abusos y las trampas del pasado fueron municiones de un presidente tan popular como López Obrador. Los señalamientos desde la conferencia matutina fueron constantes, mientras la candidata del oficialismo se mantenía con una preferencia sólida en las encuestas.

—¿Qué cualidades tiene Claudia Sheinbaum? —le pregunté a Xóchitl Gálvez en aquella entrevista.

—Creo que es una mujer inteligente, honesta. Me gusta que la competencia sea con ella —respondió. Todo esto, cabe decir, fue al inicio del proceso electoral, antes de los debates presidenciales, donde el intercambio de insultos fue inédito ("candidata del PRIAN", "mujer de hielo", "corrupta", "narcocandidata").

—Un duelo entre mujeres. Por primera vez en la historia de México —señalé—. ¿Cómo se lo imagina usted?

—De contrastes. Yo la vi a ella defendiendo la Reforma Energética de AMLO, apostándole a los combustibles fósiles. Yo no le voy a apostar a los combustibles fósiles. Yo le voy a apostar a las energías renovables. Y ella no fue capaz de darle mantenimiento al transporte público de la Ciudad de México. Se le cayó el metro. Y bueno, uno de mis *expertise* es el mantenimiento. Soy ingeniera. Eso es lo que sé hacer.

El contraste en el ciclo electoral no pudo haber sido más evidente. Para Claudia Sheinbaum esta era una elección en la que los mexicanos debían elegir entre volver al viejo régimen con la coalición de los partidos de siempre y su candidata, o continuar la construcción de un nuevo país con la llamada "Cuarta Transformación". Para Xóchitl Gálvez, esta era una elección de Estado en la que, con las propuestas de reformas constitucionales que el presidente López Obrador había planteado, y la obediencia de su candidata, la democracia mexicana estaba en riesgo.

Las encuestas siempre mostraron una ventaja amplia de Claudia Sheinbaum sobre Xóchitl Gálvez. Pero, alejados de los árboles es posible ver el bosque. Más allá de las diferencias políticas, la polarización y los señalamientos, un hecho fue fundamental: a lo largo de más de 200 años de existencia como país, México siempre había sido gobernado por una larga sucesión de presidentes hombres, jamás una mujer. Eso estaba por cambiar.

10. ASUNTOS PENDIENTES: NARCOTRÁFICO

México es un territorio en disputa. Estamos en el puerto de Manzanillo, avanzamos por la costa del Pacífico: la primera línea en la lucha contra el crimen organizado. Vamos a bordo, de pie, en la parte trasera de una camioneta pickup de la Marina, junto al capitán Barradas. El viento en nuestra cara. Formamos parte de una caravana de vehículos en un patrullaje de las Fuerzas Armadas mexicanas por las calles de esta ciudad.

Los dos grupos criminales más poderosos del país, el Cartel de Jalisco Nueva Generación y el Cartel de Sinaloa, pelean por el control del puerto. En 2023 aquí mataron a Emmanuel Martínez, agente aduanal. Su cuerpo estaba dentro de una bolsa en a una carretera. Después intentaron matar a la alcaldesa, Griselda Martínez. Le dispararon 36 veces.

Alguna vez Manzanillo fue famoso por sus playas, después se convirtió en el segundo puerto más grande de América Latina y ahora se le conoce por otro motivo: es un punto crucial en el tráfico de drogas a Estados Unidos.

Cada vez más, los cárteles del narco se concentran en la manufactura de drogas a partir de sustancias importadas. Si antes debían sus fortunas a los campos rurales de marihuana y amapola, ahora dependen del flujo de químicos que después, en laboratorios clandestinos, transforman en drogas sintéticas. Muchos de esos químicos vienen de China. El control de puertos, aeropuertos e instalaciones aduanales es crítico.

En papel, México tiene una red de agencias, incluida la Cofepris, que es el órgano dedicado a la inspección de alimentos y medicinas, para monitorear las importaciones e investigar negocios que desvían químicos a los traficantes de droga. En la práctica, el gobierno ha recurrido a las Fuerzas Armadas. Con el gobierno del expresidente López Obrador, la Marina tomó la administración de los puertos del país.

—Nuestro trabajo es detectar sustancias ilícitas —me dijo el capitán Barradas. Llevaba su uniforme, una gorra militar y la voz firme de un soldado. El cuerpo como una fortaleza. Avanzábamos por el puerto junto a cientos de contenedores que se extendían por kilómetros, cada uno con mercancía que venía de Asia, apilados uno sobre otro como si un gigante hubiera jugado con ellos a construir una pirámide—. Pero encontrar algo ilegal es como buscar una aguja en un pajar.

Solo el año pasado, llegaron al puerto de Manzanillo 4 millones de contenedores. Los enormes buques llegan sin pausa. En el horizonte se ven formados, pequeñitos uno y otro y otro, hasta que poco a poco se acercan y revelan sus dimensiones reales. En ellos, entran y salen partes de autos, teléfonos, colchones, televisiones... Los químicos ilegales que se utilizan para fabricar fentanilo y metanfetaminas pa-

10. Asuntos pendientes: Narcotráfico

san escondidos fácilmente en ese mar de productos legales. Según datos oficiales, desde 2007, se han confiscado aquí 600 toneladas de precursores químicos.

Acompañé a un equipo de la Marina en la inspección de un lote de unos 70 barriles azules formados uno junto a otro. El capitán Cabrera estaba al frente del control de mercancías. Con el resplandor del sol de las 4 de la tarde, parecía que debajo de nuestros pies el asfalto se deshacía de vapores que derretían las torres de contenedores metálicos en todo el puerto. El calor abrazaba. Primero, dos perros recorrieron la zona y olfatearon lo que pudieron. El programa para entrenar estos animales comenzó en 2021. Ya se utilizaban para detectar drogas, pero ahora también detectan precursores de drogas. Existen en todo México unos 40 perros especializados en esta tarea. En el puerto de Manzanillo son los consentidos del lugar. No los dejaban caminar mucho en el concreto caliente, se queman las patas. Después, mascarilla y guantes puestos, dos oficiales en uniforme de camuflaje extrajeron una muestra de la sustancia. La presentaron ante dos máquinas especiales para detectar de qué químico se trataba. La pantalla arrojó el resultado: efedrina, utilizada para fabricar metanfetaminas en laboratorios clandestinos, y también en medicamentos legales para combatir los resfriados. Una etiqueta en cada barril ya lo adelantaba, pero el paso esencial es corroborar. Otro dato más aparecía en la etiqueta: origen, Shanghái; destino, Sinaloa.

—Eso está sospechoso, ¿no, capitán? —sugerí.

—Nosotros no trabajamos por sospechas. Hay que estar seguros.

Ese es el gran problema del tráfico de precursores de drogas sintéticas. Incluso un puerto de primer nivel tiene dificultades para inspeccionar toda la mercancía que llega. Solo es posible revisar una fracción de los contenedores que entran cada día. Los grupos criminales juegan al gato y al ratón. Cabrera nos contó que aquí han encontrado droga escondida hasta en botellas de tequila. Pero hay una complicación mayor: muchos de los químicos que se usan para el fentanilo y las metanfetaminas, tienen un uso doble. También sirven para fabricar productos de la vida diaria como queso, jabón y medicinas. ¿Cómo saber cuáles confiscar?

Es abrumador. Entre ese cúmulo inmenso de contenedores metálicos, inmediatamente me di cuenta de la labor titánica que las autoridades tienen frente a ellas. Imposible frenar la entrada de todos los químicos que sirven para fabricar drogas sintéticas. Imposible detectarlos todos. Imposible parar la epidemia de sobredosis solo desde aquí.

Hoy, la principal crisis de narcotráfico en Estados Unidos es por el consumo de fentanilo. Este opioide sintético es 50 veces más poderoso que la heroína. Según la DEA, solo dos miligramos, que caben en la punta de un lápiz, pueden ser letales.

De acuerdo con los Centros para el Control de Enfermedades (los CDC), unas 100 mil personas en Estados Unidos murieron por sobredosis en 2023. Es la principal causa de muerte entre los estadounidenses de 18 a 45 años. Casi 70% de esos fallecimientos fueron por drogas sintéticas como el fentanilo, muchas veces combinado con otras drogas como la cocaína, la metanfetamina y la heroína. En ocasiones, las personas no saben que están consumiendo fentanilo.

"Ninguna familia debería pasar por el dolor de perder a un hijo de esta forma", le dijo a Noticias Telemundo la

10. Asuntos pendientes: Narcotráfico

señora Diana Trujillo. Su hijo murió a los 16 años sin saber que el dulce de marihuana que compró en internet tenía fentanilo.

Se trata de una epidemia real y la presión para detenerla crece sobre la Casa Blanca. Por eso las autoridades estadounidenses emprendieron una cruzada con el fin de combatir la llegada de fentanilo a su país. Washington apuntó a las grandes organizaciones mexicanas, en especial al Cártel de Sinaloa. Aseguran que el grupo recibe precursores químicos de Asia y fabrica el opiáceo en laboratorios clandestinos de la sierra mexicana.

"El fentanilo es la droga más mortal que nuestro país ha enfrentado, y el Departamento de Justicia no descansará hasta que todos los capos, miembros y asociados de los cárteles paguen por envenenar nuestras comunidades", dijo el Fiscal General Merrick Garland en el comunicado que confirmó la detención del Mayo Zambada el 26 de julio de 2024.

El Mayo, legendario fundador del Cártel de Sinaloa, había tenido una vida criminal a salto de mata exportando cocaína, marihuana y heroína, pero fue el fentanilo el que provocó su caída. La crisis de salud en Estados Unidos aceleró el operativo para capturarlo. Ismael El Mayo Zambada quedó detenido en el aeropuerto de Santa Teresa, en El Paso, Texas, junto a Joaquín Guzmán López, uno de los hijos de El Chapo Guzmán. La captura significó un triunfo para el presidente Joe Biden en un momento en el que los republicanos lo acusaban de permitir el flujo de drogas sintéticas. Pero significó también un roce con el gobierno mexicano, que dijo haber desconocido los detalles del operativo para atrapar a uno de los líderes del narco más peligrosos, y reclamó la falta de transparencia en Washington.

—Fue completamente ilegal —dijo el presidente López Obrador en septiembre. Dos meses después de la detención, reprochó que en la captura de El Mayo dos civiles hubieran muerto (incluido el exrector de la Universidad Autónoma de Sinaloa, Héctor Melesio Cuén Ojeda)—. Eso requiere una explicación.

La comunicación y la cooperación para combatir el crimen disminuyó desde que el presidente López Obrador limitó las funciones de la DEA en México. Después de la detención y liberación del general Salvador Cienfuegos, secretario de Defensa del gobierno de Enrique Peña Nieto, el Congreso Mexicano impulsó en 2021 una reforma a la Ley de Seguridad Nacional, que establece una regulación más estricta a agentes de gobiernos extranjeros que trabajen en el país. A partir de ahí, la directora de la agencia antidrogas, Anne Milgram, expresó sus quejas ante el Congreso de Estados Unidos por lo que llamó una cooperación "inconsistente" de México en la lucha contra las drogas.

El saludo a la mamá de El Chapo y frases como "abrazos no balazos", generaron aún más dudas en Washington sobre la estrategia de México contra la delincuencia. A mí me lo dijeron senadores influyentes de los dos partidos. Cuando lo entrevisté en la sala del Comité de Asuntos Exteriores del Senado de Estados Unidos, Bob Menéndez, entonces senador demócrata por Nueva Jersey, subrayó la forma en que los grupos del narcotráfico habían tomado el control de más territorio durante el gobierno de Andrés Manuel López Obrador. "Si no vemos cambios, hay que avisarle al presidente de México que puede haber consecuencias", me dijo.

Después de la captura de Ismael El Mayo Zambada y Joaquín Guzmán López, vinieron semanas de balaceras,

10. Asuntos pendientes: Narcotráfico

civiles fuertemente armados en las calles, bloqueos de carreteras, homicidios y desapariciones en Sinaloa. La ciudad de Culiacán quedó paralizada y la violencia se extendió a otras zonas del estado.

El presidente, Andrés Manuel López Obrador, atribuyó esta guerra entre grupos rivales a la captura de los dos capos. En su conferencia mañanera del 19 de septiembre, cuando 11 días de violencia recrudecida en Sinaloa dejaban al descubierto la incapacidad de su gobierno para contener a los criminales, habló de esta relación de causa y efecto.

—Estados Unidos es corresponsable —dijo en respuesta a una pregunta expresa. Después lamentó otra vez haber quedado apartado de cualquier decisión sobre el operativo de captura. Se hacía evidente, como lo escribió el periodista Javier Garza Ramos en el periódico *El País*, que "el gobierno de Estados Unidos le había perdido totalmente la confianza (a AMLO), lo minimizaba y no tenía empacho en crearle problemas domésticos como el de Sinaloa".

Pero la desconfianza y la falta de comunicación entre los dos países ha estado ahí desde antes en la lucha contra el crimen organizado. Para muestra, el caso de Genaro García Luna.

Hasta las telenovelas mexicanas más exitosas tendrían dificultades para pensar en una mejor segunda temporada: el juicio al exsecretario de Seguridad Pública fue una secuela del juicio al capo de capos, Joaquín Guzmán Loera. Hace casi seis años, una corte de Brooklyn sentenció a El Chapo a una vida en prisión. Cuatro años después, en la misma sala de la misma corte, Genaro García Luna estuvo sentado en el banquillo de los acusados. Todo buen guion dramático necesita un giro inesperado: entre 2006 y 2012, él había sido el hombre fuerte del presidente Felipe Calderón, al frente de la "guerra contra el narcotráfico", y trabajó de cerca con Estados Unidos. Le decían el súper-policía. Pero en 2023, pasó a ser considerado el cómplice de los peores criminales mexicanos. La fiscalía le presentó cinco cargos, incluido uno de distribución de cocaína, y un jurado lo encontró culpable. El 16 de octubre de 2024, fue sentenciado a 38 años de prisión. El caso reveló que Washington sospechaba de García Luna, con quien el gobierno de Estados Unidos trabajó de cerca durante los primeros años de la lucha contra el crimen en México.

En la red social X, el periodista mexicano José Díaz Briseño, basado en Washington DC, se planteaba una cuestión central en la relación entre los dos países: "¿Cómo fue capaz García Luna de engañar a las agencias de Estados Unidos para que confiaran en él durante años? ¿Cómo fue posible que la DEA, la CIA y otras, descubrieran sus vínculos criminales hasta que abandonó el gobierno? ¿Incompetencia? ¿Tolerancia? ¿Conveniencia?"

"Este es un juicio muy importante", me dijo José Reveles, analista especializado en narcotráfico. "Ningún funcionario mexicano de este nivel había sido enjuiciado antes". Por eso las audiencias fueron una vitrina que mostró, como nunca, lo compleja que ha sido la relación entre México y Estados Unidos al más alto nivel; un recordatorio de la falta de confianza básica que ha existido entre los dos gobiernos en la lucha contra las drogas y contra los grupos que la trafican. "La relación siempre ha sido de estira y afloja. A veces vemos mucha cooperación y a veces lo que vemos es mucha tensión", me dijo Reveles.

La pregunta clave es si realmente una captura como la de Ismael El Mayo Zambada, reduce la violencia y el trá-

10. Asuntos pendientes: Narcotráfico

fico de fentanilo. Hasta ahora la evidencia muestra que, por si sola, la estrategia de capturar a los grandes capos no es suficiente. Estados Unidos ha apuntado también a Los Chapitos como figuras críticas en la producción y la venta de drogas sintéticas. Hoy dos de los cuatro hijos de Joaquín El Chapo Guzmán están bajo su custodia. Pero lo que vino después de estos arrestos fue la guerra en las calles de Sinaloa. El costo de estas detenciones fue muy elevado. En solo una semana de enfrentamientos sin tregua, más de 30 personas murieron. Los reportes de prensa apuntaban a que Los Mayos y Los Chapitos, dos grupos dentro del mismo Cártel de Sinaloa, ahora peleaban entre ellos por el control de la zona y tenían secuestrada a la población.

En todo caso, cualquier debilitamiento del cártel de Sinaloa podría favorecer al cártel de Jalisco Nueva Generación. Los años nos lo han demostrado: cuando eliminan al líder, otro asciende; cuando desaparecen la pandilla, una nueva ocupa su lugar. Por eso, entre otras cosas, el combate al crimen organizado ha fracasado hasta ahora. El narco se ha multiplicado y se ha convertido en un conglomerado. La violencia ha aumentado.

Los cárteles mexicanos siempre han sabido adaptarse. En los años 80 traficaban marihuana y después cocaína de Colombia a Estados Unidos. Pero en la última década han mutado en la formación de numerosos grupos cuyos tentáculos van más allá de las drogas y alcanzan la extorsión, el tráfico de personas, la venta de armas, gasolina y otros productos de la economía formal. Según un estimado de la armada de Estados Unidos, hoy los grupos criminales controlan más territorio que nunca: una tercera parte de México.

De acuerdo con el International Crisis Group, una organización no gubernamental dedicada a la prevención de guerras en el mundo, en 2010 había 76 organizaciones criminales en México. Para 2020, eran más de 200. Pero no todas tienen la capacidad o las conexiones para traficar droga a Estados Unidos. La DEA solo reconoce 9 carteles mexicanos de la droga.

Para el resto de las pandillas, la extorsión es una de las principales fuentes de ingreso. El tráfico de migrantes es también un negocio cada vez más lucrativo (un estudio de BBVA estima que el costo de transitar por el país y cruzar a Estados Unidos, ya supera los 12,500 dólares por persona). Luego está el control de la venta de algunos productos como el aguacate y el limón en Michoacán, así como la trata de personas.

Muestra de la expansión de los grupos criminales en México es el estudio de Rafael Prieto-Curiel, Gian Maria Campedelli y Alejandro Hope, que en septiembre de 2023 la revista *Science* publicó. Su análisis estima que 175,000 personas trabajan para el crimen organizado y que cada semana se reclutan más de 350 nuevos miembros.

Hay escenas que nos demuestran la fuerza y el descaro del crimen organizado de una forma especialmente visible. Ocurrió el 3 marzo de 2023: bajo el sol, en medio de la calle, hombres armados abrieron fuego contra un vehículo con placas de Carolina del Norte. En el tiroteo, una mujer mexicana de 33 años murió a una cuadra de distancia por una bala perdida. Inmediatamente después, los agresores secuestraron a los ocupantes del auto y los subieron a una camioneta pick up.

Los habitantes de Matamoros, Tamaulipas, saben de estas cosas, siempre atentos a la posibilidad de una balacera. "Desde esta ciudad vienen las drogas que se distribuyen al centro y el este de Estados Unidos", dice el especialista en narcotráfico Jesús Lemus Barajas al periódico *Los Angeles Times*. Por eso el Departamento de Estado tiene una alerta de viaje nivel 4 (la máxima advertencia) para esta zona. La violencia no es nueva en este lugar. Pero aquella vez fue contra cuatro ciudadanos estadounidenses. Y aquella vez había un video. La grabación puso todo al desnudo: el crimen opera aquí a plena luz del día con absoluta impunidad.

Ese secuestro trágico que terminó con la muerte de dos personas encendió el discurso en los círculos políticos más altos de los dos lados de la frontera. La vocera de la Casa Blanca, Karine Jean Pierre, expresó inmediatamente su indignación y dijo que este tipo de ataques son "inaceptables". El comunicado del embajador en México, Ken Salazar, fue moderado, pero subrayó la necesidad de combatir a los cárteles con un enfoque binacional.

Las críticas republicanas fueron más fuertes. En el periódico *Wall Street Journal*, el antiguo fiscal general, William Barr, incluso llamó a López Obrador "facilitador en jefe" de los cárteles de la droga. Y el representante de Texas, Dan Crenshaw, quien en enero presentó una iniciativa que permitiría al gobierno de Estados Unidos tomar acción militar contra las organizaciones criminales en México, mandó en las redes sociales un mensaje directo para AMLO: "Es tiempo de autorizar la fuerza militar. ¿Está escuchando, López Obrador? Ayúdenos a ayudarle".

¿Deben los cárteles mexicanos ser catalogados como organizaciones terroristas? La pregunta se ha escuchado numerosas veces en el Capitolio de Estados Unidos. Se escuchó aún más en el camino a las elecciones de 2024. En una audiencia en el senado, a finales de febrero de 2023, el republicano por Carolina del Sur, Lindsey Graham, cuestionó al entonces Fiscal General del país, Merrick Garland.

—¿Se opondría usted a que estos cárteles sean considerados organizaciones terroristas? —le preguntó el senador Graham.

—No me opondría. Pero debo decir que hay consideraciones diplomáticas en esto. Necesitaríamos del apoyo de México.

Graham hizo lo mismo con el entonces Secretario de Estado, Antony Blinken. Bajo presión en su audiencia, Blinken reconoció dos cosas por primera vez: primero, que hay regiones de México donde los cárteles de la droga tienen el control; segundo, que sí consideraría catalogar a estas organizaciones criminales como grupos terroristas. Era la primera vez que el hombre responsable de la diplomacia estadounidense decía algo parecido. Pero no era la primera vez que la pregunta rondaba por Washington. El expresidente Trump habló mucho de esto y la masacre de la familia LeBarón en el norte de México, a manos del crimen organizado, reanimó el debate en 2019. En su momento, el canciller Marcelo Ebrard escribió en Twitter "México no admitirá nunca acción alguna que signifique violación a su soberanía nacional".

La designación de una organización terrorista extranjera está a cargo del Secretario de Estado. Según el Departamento de Estado, el objetivo es frenar el financiamiento de estos grupos, estigmatizarlos y aislarlos. La lucha en su contra se convierte en una prioridad de Estados Unidos. La principal preocupación del gobierno mexicano es que la medida pueda abrir la puerta a operativos unilaterales en su territorio.

10. Asuntos pendientes: Narcotráfico

Después del trágico secuestro en Matamoros, el presidente López Obrador dijo que lamentaba lo sucedido, pero lanzó una defensa tajante contra la sugerencia de intervenir militarmente en México.

—Esta iniciativa de los republicanos, además de irresponsable, es una ofensa al pueblo de México y a nuestra soberanía —dijo en su conferencia mañanera—. Y si no cambian su actitud y piensan que van a utilizar a México para sus propósitos propagandísticos, electoreros, politiqueros, nosotros vamos a llamar a que no se vote por ese partido.

México, en modo defensa, señaló también a Estados Unidos. "¿Cómo se explica que la droga llegue desde la frontera hasta la zona de los Grandes Lagos, donde está el principal foco de la epidemia de fentanilo?", preguntó también esa semana, de forma retórica, el canciller Marcelo Ebrard en entrevista de radio con López Dóriga. "¿Significa entonces que en Estados Unidos tampoco tienen control de algunas regiones de su territorio?"

En Estados Unidos, la peor consecuencia de este desacuerdo binacional y el crecimiento del narco, es la epidemia de sobredosis entre los adultos jóvenes. En México, es la violencia. Las actividades ilegales que hoy se llevan a cabo solo son posibles mediante el control del territorio y eso termina en choques y venganzas entre grupos criminales en todo el país. Esto es posible también por una profunda corrupción dentro del Estado, incapaz de contener el poder del crimen organizado.

Mucho cae sobre los hombros de oficiales de la Marina como el capitán Barradas, que patrulla con su uniforme a bordo de su pickup, las calles del Puerto de Manzanillo. Desde 2006, esa ha sido la estrategia: el ejército en la primera línea de defensa contra el narcotráfico. Las Fuerzas Armadas son la institución más respetada y mejor vista por los mexicanos, pero el ejército lleva casi 20 años al frente de esta lucha, ahora con más responsabilidades que antes (incluida la administración y supervisión de puertos y aduanas), y los homicidios han aumentado, y las sobredosis también.

11. MIGRACIÓN

El Centro Agustiniano está a un costado de la columnata de Bernini en el Vaticano. Desde mi hotel, en el otro extremo, caminé entre las cuatro hileras de enormes columnas que están de pie como una formación de guardianes inmóviles, crucé la Plaza de San Pedro, la basílica imponente a mi derecha, y otra vez esquivé a los centinelas gigantes del otro lado. Un recorrido que nunca olvidaré. Vestía un traje oscuro, corbata negra y los nervios en la bolsa interna del saco: siempre trato de esconderlos, pero siempre están ahí antes de una entrevista tan importante. Salí de mi habitación dos horas antes por precaución, aunque el camino a pie era de 15 minutos. Temía que la multitud de turistas en mayo frenara mi paso. Cuando llegué, el equipo de Noticias Telemundo ya estaba listo: dos sillas doradas con colchón rojo que parecían una reliquia de la iglesia, una mesa de madera en el centro y un cuadro de San Agustín al fondo. Luces y cámaras en posición. Esperamos.

Y de pronto empezó a notarse el movimiento. Elementos de seguridad iniciaron el peinado de la zona: revisaban cada pasillo y se asomaban detrás de cada puerta como sabuesos que rastrean el peligro. Dieron el visto bueno por radio y siguió un séquito de personas que venían con él. Todos lo rodeaban vestidos de negro; solo él de blanco impecable avanzaba en silla de ruedas por el estrecho pasillo hacia nosotros. "Papa Francisco, ¿cómo está?" le pregunté y le estreché la mano. "Pues aquí estoy, sentado", respondió él con una sonrisa. Y así, apenas cruzó el umbral de la puerta, rompió el hielo antes de comenzar nuestra charla.

Se puso de pie con dificultad, tomó el bastón que le acercaron, otra reliquia plateada, y dio unos pasos despacio hacia su silla. Yo todavía no daba crédito: sí, estás aquí; sí, es el papa y sí, vas a platicar con él. En general, creo que no hemos visto a muchos otros papas en circunstancias similares, dispuestos a dar entrevistas. Lo valioso de esto es que parece que Francisco quiere acercarse. En el décimo aniversario de su pontificado lo vimos dar más declaraciones a la prensa y, aunque enfrentó problemas de salud, ha estado dispuesto a hacer llegar su mensaje.

—En estos 10 años, Su Santidad, de todas las cosas que ha querido cambiar en la iglesia, ¿cuál es la que más le ha pesado no haber podido cambiar?

—Yo mismo, querido, me cuesta cambiar —me dijo, dejó escapar un guiño y siguió—. Ninguna de las cosas que quise cambiar fue mía. Todo fue en un acuerdo de los cardenales en las reuniones pre-cónclaves.

—Pero ¿qué siente que le falta por hacer?

—Todo. A medida que vos vas haciendo, te das cuenta de que te falta todo. Por ejemplo, la desclericalización de la

Iglesia. El clericalismo es una perversión. O sos un pastor, o no entrés.

Revela mucho del pontífice que hable así de los clérigos, aquellos políticos de la fe que están más preocupados por su posición y su influencia que por servir a los demás. Noté a veces una amargura en la forma en que admitía no haber conseguido todavía limpiar a la Iglesia de los intereses y las intrigas del poder.

Desde el punto de vista de la doctrina, Francisco no es un papa tan revolucionario. Después de todo, condena el aborto y lo compara con los asesinatos hechos por sicarios. Pero invita a la compasión hacia una mujer que aborta. Las mujeres no pueden ser sacerdotisas, pero pueden leer misa. Y hasta ahora no hay cambios en el celibato.

Revolucionarios son sus gestos. Francisco escucha y se acerca.

Y no solo es el papa, sino el único papa en toda la historia que ha compartido tiempo y espacio con otro papa vivo, Benedicto XVI. Más aún, es el primero que llegó de América Latina, el único que ha venido de un país de habla hispana. Y su condición de migrante lo define.

—¿Piensa usted que migrar es morir un poco? —le pregunté.

—Siempre. Porque dejás el terruño. Mis padres fueron migrantes, yo lo viví en casa.

—Y usted mismo es migrante. Es argentino y vive en Roma. Pero además es papa. ¿Se muere también un poco siendo un papa migrante?

—Siempre. Algo dejás. No es lo mismo el mate que te hacés con el termo aquí, que el mate calientito que te hace tu mamá o tu abuela, calientito recién hecho. No es lo mismo. Te falta el aire. El aire natal.

Me acerqué a él para mostrarle unas fotografías que tenía guardadas en mi teléfono celular: una bebé, envuelta en una cobija, dentro de una maleta abierta como una cuna. Sus padres cruzan el Río Bravo y la llevan con ellos; él carga esa maleta con los dos brazos en alto para evitar que el agua la alcance. La escena es conmovedora. Atrás queda su pasado de pobreza y violencia, como el de tantos migrantes. Enfrente buscan una oportunidad. O eso creen ellos. En una de las imágenes vemos a la familia que avanza en fila y cruza el río con el agua hasta el pecho. La otra, es una toma mucho más cerrada que se enfoca en la bebé dentro de la maleta, dormida. No sabe que su destino está por definirse solo por ese breve recorrido en el agua entre México y Estados Unidos.

—¿Cuál es su mensaje para estos padres? ¿Cuál es su mensaje para los migrantes? —pregunté con mi brazo extendido sobre la mesa, sosteniendo el celular con la imagen estremecedora en la pantalla.

El papa vio las dos fotografías con cuidado y después clavó la mirada en el piso. Guardó silencio por unos segundos. Suspiró, levantó la vista y me dijo:

—Es un problema grave. El problema de los migrantes es grave. Es grave ahí, y es grave aquí, en las costas líbicas. Ahora, ¿por qué la gente migra? —me preguntó y, después de un breve suspenso, se respondió—. Por necesidad. El problema de la migración se resuelve en los países de origen.

Francisco declaró esto como quien pronuncia una verdad irrefutable. Viví mi entrevista con el pontífice como uno de los momentos más gratificantes de mi carrera. Lo sigue

11. Migración

siendo. Pero recordarlo viene a cuento aquí, sobre todo, porque su visión de la migración coincide con la visión que el expresidente Joe Biden tuvo al inicio de su gobierno. Apenas llegó a la Casa Blanca, Biden, católico practicante, insistió en la necesidad de atender la raíz del problema migratorio en los países de origen. Le dio a la entonces vicepresidenta Kamala Harris la tarea de revisar y resolver las causas por las que tantas personas abandonan países como Honduras, Guatemala y El Salvador, de donde venían la mayoría de los migrantes en aquellos años.

Pero es imposible que este enfoque traiga resultados inmediatos. Sacar a poblaciones enteras de la pobreza y de la violencia requiere de inversión en infraestructura, educación, servicios de salud, puestos de trabajo: todas apuestas a largo plazo. En 2022 hablé brevemente sobre esto con la vicepresidenta en un enlace que tuvimos por videollamada. Estábamos en medio de la pandemia. Era la segunda vez que la entrevistaba, la primera fue cuando ella era aspirante demócrata en las primarias de su partido en 2019. En este enlace virtual ya como vicepresidenta, me hizo una lista del trabajo que llevaba a cabo en Centroamérica, las empresas estadounidenses, las organizaciones no gubernamentales, los esfuerzos que habían llegado a esas naciones gracias a la iniciativa de la administración Biden. Pero reconoció que se trataba de un esfuerzo del que no veríamos resultados pronto. Y así fue. El flujo de migrantes en la frontera entre México y Estados Unidos no solo no bajó durante los primeros 3 años de Biden, sino que subió hasta niveles nunca vistos.

Yo soy de San Juan del Río, Querétaro. Mi esposa es de la Ciudad de México. Tengo amigos de Caracas, otros de Bogotá. Trabajo con personas de Cuba, El Salvador, Ecuador y Argentina. En Estados Unidos todo el mundo es de otro lugar. Incluso los nativos americanos, solo que ellos llegaron primero que los demás. El país es tan atractivo que, de acuerdo con la empresa de análisis y consultoría Gallup, 160 millones de adultos en todo el planeta dicen que se mudarían a Estados Unidos si pudieran.

Esa atracción define la relación entre México y Estados Unidos y ha definido las recientes contiendas electorales por la Casa Blanca. En 2016, Donald Trump enfocó su campaña en la migración, desde las primarias hasta la nominación y después la presidencia. En aquel tiempo, aseguraba que había números récord de personas que cruzaban la frontera sin papeles. Eso era falso entonces, pero fue verdad a finales de 2023.

Según el Departamento de Seguridad Nacional, solo en noviembre de ese año, hubo casi 250 mil encuentros de migrantes con la patrulla fronteriza. El gobernador republicano de Texas, Greg Abbott, envió a muchas de estas personas a ciudades demócratas para que sintieran ahí los problemas que normalmente solo enfrentaban las localidades fronterizas. Entre abril de 2022 y febrero de 2024, el gobierno de Texas gastó casi 140 millones de dólares en sacar a más de 102,000 migrantes en camiones hacia Los Ángeles, Nueva York, Chicago, Denver, Philadelphia y Washington DC. La tensión se cocinó a fuego lento conforme la crisis de la frontera se movió a otros lugares de Estados Unidos.

El alza en los cruces fue, en parte, una consecuencia económica natural: cuando el mercado laboral es sólido, los incentivos para vivir y trabajar en Estados Unidos aumentan. Las dificultades después de la pandemia, la crisis humanitaria en Haití y en Venezuela, los gobiernos de Cuba y

11. Migración

Nicaragua, y las condiciones de América Latina en general, contribuyeron también a que más personas emigraran hacia el norte. Pero otra parte de la culpa sí descansó en el presidente Biden.

La primera presidencia de Trump y su discurso antiinmigrante radicalizaron a algunos demócratas hacia el otro extremo. Cuando llegó a la Casa Blanca en 2021, el instinto de Biden fue hacer todo lo contrario a Trump en la frontera: dejó de levantar el muro, eliminó el programa *Remain in Mexico*, terminó con el Título 42 y asumió un discurso más humanitario.

Siguió un aumento en la inmigración irregular.

Y siguió el horror. La muerte de 40 migrantes en un incendio dentro de un centro de detención del gobierno mexicano en Ciudad Juárez en marzo de 2023 fue, sencillamente, una tragedia. Murieron calcinados, asfixiados, encerrados. Murieron bajo la mirada del gobierno mexicano; en custodia del gobierno mexicano. El video de la cámara de seguridad da escalofríos. Muestra a los migrantes en la celda. Se encienden las llamas dentro. Dos guardias están afuera, en el pasillo. El fuego crece. Los migrantes sacan las manos entre los barrotes, asoman la cara. El video no tiene sonido, pero casi es posible escuchar su clamor; suplican ayuda. Los gritos que debieron oírse ahí. La desesperación. Los guardias abandonan la escena y dejan a los migrantes encerrados.

"Somos humanos", me dijo Milagros, inmigrante salvadoreña, un día después de la tragedia. "No somos animales". Hasta dónde hemos llegado, pensé, que Milagros debe hacer este recordatorio.

Cuando llegamos a Ciudad Juárez, a la mañana siguiente, fuera del lugar había cientos de migrantes reunidos alrededor de un altar con veladoras y letreros que exigían justicia. Algunos de ellos estaban ahí para poner presión sobre las autoridades, otros porque poco a poco descubrían que entre los fallecidos estaban sus familiares, sus amigos o sus compañeros de viaje. En esta ciudad había miles de migrantes que esperaban cruzar a Estados Unidos. Muchos de ellos se conocían entre sí. Tal vez no iniciaron juntos el camino, pero se encontraron en la ruta y se acompañaban desde entonces. Por eso el dolor fue tan intenso para ellos. Fue un duelo compartido. El recordatorio de su fragilidad.

"Pude haber sido yo", me dijo David con su niño de dos años en los brazos. Apenas unas horas antes del incendio él había estado dentro de esta prisión para migrantes. Casi todas las personas con las que platiqué me dijeron que conocían el lugar: "Es una cárcel", "ahí lo tratan a uno muy mal", "no se lo deseo a nadie".

—¿Quiénes llegan aquí? —pregunté.

—Cuando nos deportan de Estados Unidos, aquí nos traen y después nos sueltan. A veces si estamos en la calle vendiendo algo o lavando vidrios o pidiendo dinero, también nos agarran y nos traen aquí.

Eso es lo que pasó ese lunes. Una redada. Una limpia por las calles de Ciudad Juárez. Unos 70 migrantes quedaron detenidos ese día. A Jeaine, venezolana, la levantaron con su esposo y su hija de un año en la esquina de una farmacia. La niña tenía fiebre y fueron a comprar medicinas.

—¿Qué hacían ustedes cuando los detuvieron?

—Nada —respondió ella, los ojos llorosos—. Estábamos parados. Nos pidieron nuestros papeles, nos dijeron que el permiso estaba vencido y nos subieron los de migración.

11. Migración

—¿Pero por qué se acercaron? ¿cómo supieron que ustedes eran migrantes?

—Se nos nota... —me dice con una sonrisa triste, encoje los hombros y se resigna a su destino cruel—. Será.

Jeaine también se salvó del incendio. Su relato, y el de otros más en Ciudad Juárez, pone al descubierto la crudeza de la crisis migratoria entre México y Estados Unidos.

El camino de tantos migrantes de Centro y Sudamérica hacia el norte es una de las peores tragedias del hemisferio. No votan en México, así que ningún político se interesa en ellos. No dejan remesas en México, así que ningún gobierno invierte en protegerlos. No son un grupo de presión, así que la prensa habla poco de sus historias. No dejan limosna, así que pocas iglesias se ocupan de ellos. Abandonados a su suerte, son presa fácil del crimen organizado y de las autoridades.

Por eso, con la llegada de más y más familias, la presión se acumuló en esta frontera. Desde los tiempos de Trump, México acordó recibir a decenas de miles de migrantes que Estados Unidos regresaba, bajo los programas *Remain in Mexico* o *Quédate en México*, y el Título 42.

Antes, cuando una persona huía de su país porque su vida estaba en peligro, llegaba a Estados Unidos, solicitaba asilo y podía esperar dentro de territorio estadounidense a que el asilo le fuera autorizado. Con el programa que Trump implementó, el citado *Remain in Mexico*, los solicitantes de asilo que entraban por la frontera tenían que regresar a territorio mexicano, sin importar el país del que vinieran, mientras sus casos se resolvían en el sistema migratorio de Estados Unidos. Debían esperar ahí hasta que el asilo quedara aprobado. Y el Título 42 es la norma impuesta durante la pandemia que permitía a las autoridades expulsar de inmediato a quien cruzara la frontera de forma irregular, bajo el argumento de evitar contagios en los centros de detención para migrantes. Aunque Biden asumió el gobierno con un mensaje más humanitario y desde el comienzo buscó eliminar las políticas de Trump en la frontera, fue hasta junio de 2022 cuando la Corte Suprema le autorizó terminar con el *Remain in Mexico* y en mayo de 2023 pudo revertir el Título 42. Esto significó que de 2019 a 2023 miles de personas que venían del sur hacia Estados Unidos tuvieron que permanecer en la frontera, suspendidos en el limbo, por meses o por años. Las puertas de Estados Unidos estaban cerradas y México se convertía en su purgatorio.

 Una tarde yo entré a ese territorio de la desolación: un campamento de migrantes a las orillas del Río Bravo, en Piedras Negras, Coahuila. Era un laberinto de casas de campaña, techos de lona multicolor, sillas de plástico rotas, piso de tierra. El polvo en todas partes. Solo había un baño portátil que compartían los cientos de familias que llevaban meses viviendo ahí. Tan cerca y tan lejos de Estados Unidos. Los niños jugaban en el suelo con un carrito viejo. Una señora sacudía el viento con un pedazo de cartón para encender una estufa improvisada. Un hombre dormía en una hamaca que se columpiaba de dos árboles flacos. Era la hora del calor infame y el quehacer solo consistía en esperar. Aguardar a que llegaran noticias de Estados Unidos sobre sus peticiones de asilo, o el mejor momento para cruzar en secreto, de preferencia de madrugada. Parecía que, para estos migrantes, la vida había sido lo que les ocurrió antes de llegar aquí o sería lo que estaba por ocurrirles después de salir de aquí. Pero no esto. Esto era una pausa dolorosa, un calvario prolongado.

11. Migración

—Yo nomás le digo al señor Biden que se compadezca de nosotros. Que nos deje pasar. Nosotros no queremos hacer nada malo. Solo queremos trabajar— me dijo la señora Rosa Angélica con su bebé enferma con calentura. Llevaban 4 meses aquí. Salió de Venezuela con sus tres hijos, Leo, Alexander y Orliani en brazos. Cruzó la selva del Darién y avanzó hasta este lugar. De haber sabido a lo que vendría…

Y me contó que lo peor había sido México, que aquí los secuestraron en Reynosa, que un mes estuvieron atrapados hasta que la policía los liberó y en cuanto empezó a hablarme de eso, se le quebró la voz, volteó la cara y ya no pudo seguir más. —Yo no soy buena para hablar—, concluyó con la garganta hecha un nudo.

Cuando el 11 de mayo de 2023, el gobierno de Biden terminó con el Título 42, entró en vigor una nueva medida migratoria con la que Estados Unidos expandió los caminos para entrar de forma legal al país y castigaba a quienes cruzaran de manera irregular. Ahora solo podían recibir asilo quienes lo solicitaran a través de una aplicación de teléfono celular, llamada CBP One, o quienes lo pidieran primero en otro país en su camino al norte. De esto tampoco había precedente: la medida terminaba con la idea de Estados Unidos como un país que da asilo a aquel que lo pide en su puerta de entrada. Ahora, los migrantes que cruzaran ilegalmente serían deportados y tendrían prohibido intentar acceder de nuevo en cinco años.

El plan dependía de México. En febrero de 2023 le pregunté al presidente Biden si, una vez terminado el Título 42, deportaría de forma masiva a migrantes no mexicanos a México. "No creo que tengamos que hacer algo así", me dijo.

Pero la fecha llegó y la realidad lo contradijo. En mayo, los dos gobiernos anunciaron que México había acordado recibir a unos 30 mil migrantes venezolanos, nicaragüenses y cubanos deportados de Estados Unidos cada mes. Esta era una debilidad de la nueva estrategia migratoria, si se tomaba en cuenta el incendio en el centro de detención de Ciudad Juárez.

—¿Esa tragedia, no es evidencia suficiente para mostrar que México no está preparado para recibir a tantos migrantes en estas condiciones? —cuestioné en Brownsville, Texas, al entonces secretario de Seguridad Interna de Estados Unidos, Alejandro Mayorkas.

—No quiero hablar sobre ese incendio porque está bajo investigación y corresponde al gobierno mexicano definir lo que suceda.

No respondió más. Pero el silencio no desaparecía la realidad. México y Estados Unidos acordaron que miles de inmigrantes regresarían al sur del Río Bravo cada mes, a pesar de la falta de condiciones para recibirlos.

Cuando todavía era secretario de Relaciones Exteriores de México, Marcelo Ebrard viajó a Florida en una ocasión y en el salón de convenciones de su hotel, en el centro de la ciudad de Tampa, lo entrevisté. Él venía para hablar sobre la nueva ley antiinmigrante del estado que penalizaba, entre otras cosas, a quienes transportaran a personas sin documentos en su auto. Pero también le pregunté sobre el incendio que acababa de ocurrir hace unos meses. Y así fue nuestra conversación:

—Hemos hablado con muchos migrantes, canciller, —le dije—. Y absolutamente todos nos han dicho que, después de haber cruzado la selva del Darién y hacer todo este recorrido, la peor parte la pasan en México. Sobre todo por el mal trato de las autoridades.

—Es algo que estamos tratando de mejorar. Debo decirte que la mayoría son clandestinos, así que no tienen trato con las autoridades.

—Se dicen muy maltratados.

—Sí. Estamos tratando de mejorar eso.

El flujo de migrantes cayó inmediatamente después de la eliminación del Título 42, pero a los pocos meses tuvo un repunte y a finales de 2023 llegó a su peor momento. Desde que Biden llegó a la Casa Blanca, el aumento en el número de personas que cruzaron y pidieron asilo fue un reto para su gobierno. En el año fiscal de 2023, las autoridades reportaron un total de 2.5 millones de encuentros con migrantes. Más que los 2.4 millones de 2022 y los 1.7 millones de 2021. Estos "encuentros" como les llama la patrulla fronteriza, incluyen migrantes que piden asilo en un puerto de entrada, y también migrantes que cruzan de forma irregular.

Las medidas de Biden en la frontera no frenaban la entrada de migrantes a Estados Unidos, y tampoco eran más humanitarias, como se lo había propuesto en la campaña de 2020. Pero en 2024, año electoral, Biden apretó el paso. Las encuestas apuntaban a que la inmigración y la seguridad fronteriza eran cada vez más una prioridad para los votantes de Estados Unidos y la mayoría confiaba más en que los republicanos harían un mejor trabajo en este rubro. Era uno de los puntos débiles de la administración Biden. Por eso la Casa Blanca trabajó con algunos miembros del partido republicano y juntos presentaron una propuesta bipartidista que traía más recursos a la frontera: 1,500 nuevos agentes de

Aduanas y Protección Fronteriza, 4,500 oficiales más para acelerar los procesos de petición de asilo, 50,000 nuevas camas para migrantes en los centros de detención de ICE, 100 nuevos jueces de inmigración que ayudarían a evitar retrasos en las cortes, nueva tecnología para detectar fentanilo en los puertos de entrada en la frontera y 1,400 millones de dólares para las comunidades impactadas por la crisis migratoria. Además, la propuesta de ley hacía que solicitar asilo fuera más difícil para los migrantes. La medida daba un giro de 180 grados al instinto inicial que había tenido el presidente cuando asumió el cargo: no más visión humanitaria hacia los migrantes. Ante la crisis, estrechar el acceso en la frontera.

La propuesta bipartidista no avanzó en el congreso, de mayoría republicana. Trascendió que Donald Trump pidió a los representantes de su partido que no aprobaran el proyecto de ley para que el problema no quedara resuelto y él pudiera tener municiones contra Biden en campaña.

Para esquivar el bloqueo legislativo, Biden recurrió a su poder ejecutivo y, sin necesidad del congreso, firmó una orden que hacía más complicado el proceso para pedir asilo en la frontera y, de hecho, impedía que muchos migrantes lo solicitaran. Para efectos prácticos, cerraba la frontera para miles de personas que querían entrar a Estados Unidos. La norma se basaba en los mismos criterios que en su momento usó Trump en su primer gobierno para impedir la entrada de inmigrantes musulmanes. Pero la medida de Biden ganó críticas de los republicanos que decían que no era suficiente, y de algunos demócratas que decían que era inhumana.

Dos semanas después, a finales de junio, desde la sala este de la Casa Blanca, Biden prometió que no "jugaría a la política" con la frontera sur y la inmigración, una oferta potencialmente imposible cuando el país avanzaba hacia una elección presidencial. Lo dijo el día en que anunció otra acción ejecutiva que protegía de la deportación a cientos de miles de inmigrantes sin documentos que ya vivían en Estados Unidos, casados con ciudadanos estadounidenses, y les permitía trabajar legalmente. Era el mayor alivio migratorio desde DACA, en 2012. Pero esta medida también ganó críticas de los republicanos que decían que era un incentivo para que vinieran más personas al país, y de algunos demócratas que decían que no era suficiente ayuda para la comunidad inmigrante.

Al final, el mensaje que el presidente quería dar, concluyó el *New York Times*, es que sería duro con los inmigrantes que quieren entrar a Estados Unidos, pero buscaría alivio para quienes ya están en el país. Se trataba de un complejo acto de malabarismo en tiempos electorales.

La frontera entre México y Estados Unidos fue protagonista en las campañas de 2024. Trump culpó a Joe Biden y después a Kamala Harris por lo que llamó una "invasión que destruye nuestro país y mata a nuestros ciudadanos". Su estrategia de campaña consistía en culpar a los inmigrantes, entre otras cosas, de un aumento en los índices de criminalidad.

A partir de algunos casos específicos, como el asesinato de Laken Riley, una estudiante de la Universidad de Georgia, a manos de un hombre venezolano que entró a Estados Unidos ilegalmente, Trump utilizó un lenguaje antiinmigrante que entusiasmaba a sus simpatizantes.

Es verdad que ha habido casos aislados que se deben señalar y no tienen justificación. Pero los datos van en contra de lo que Trump afirmaba. Primero, de acuerdo con el FBI, en Estados Unidos los crímenes violentos no aumentaron. Disminuyeron 10.3% entre junio de 2023 y 2024. Y la evidencia apunta a que no hay más delitos cuando hay más inmigrantes. Más de 200 mil nuevos solicitantes de asilo llegaron a Nueva York entre 2022 y 2024, pero según la policía de la ciudad, los índices de criminalidad no aumentaron. Más aún, un estudio de la Universidad de Stanford realizado en 2023, indica que es 60% menos probable que un inmigrante termine en prisión, comparado con un ciudadano estadounidense.

Aún con los números en contra, Trump afirmó que los inmigrantes "contaminan la sangre del país" y prometió que, en cuanto regresara a la Oficina Oval, "cerraría la frontera, detendría a los inmigrantes y en el primer día comenzaría la mayor deportación de la historia".

Las "deportaciones masivas" fueron la gran promesa de campaña de Donald Trump. Lo dijo una y otra vez durante la contienda. Hablaba de deportar hasta 20 millones de personas. Y a veces hablaba de deportar al menos a un millón de personas al año. ¿Cómo lo haría? Nunca lo dijo con claridad. ¿Sería posible una operación de esa proporción en solo 4 años de gobierno? No lo sabíamos. Pero él aseguró que lo intentaría.

Un cálculo del Concejo Americano de Inmigración, estima que un operativo de deportación sostenida en el que Estados Unidos pueda expulsar a 1 millón de migrantes cada año durante una década tendría un costo de más de 900 mil millones de dólares. (El Departamento de Educación de Estados Unidos tardaría unos 4 años en recibir ese dinero, basado en su presupuesto de 2024, 238 mil millones de dólares). De acuerdo con el estudio, la estimación es conservadora, pues no incluye el costo de contratación de más personal, los vuelos de deportación y la construcción de infraestructura como nuevos centros de detención de ICE.

Pero, a pesar de ello, los votantes estuvieron más en sintonía que nunca: según una encuesta de CBS, 62% estaba de acuerdo con que hubiera deportaciones masivas en Estados Unidos. Aunque industrias enteras, como la agricultura, la construcción y los servicios, dependen de mano de obra barata que muchas veces solo hacen los inmigrantes sin documentos. O aunque, según el IRS, el servicio tributario de Estados Unidos, los inmigrantes sin documentos hubieran contribuido con 500 mil millones de dólares en impuestos en 2019. O aunque eso implicara la separación de familias de estatus mixto en la que algunos integrantes tienen documentos o son ciudadanos, y otros integrantes no. Se estima que más de 4 millones de niños estadounidenses tienen un padre que vive en el país sin documentos.

En su corta campaña, Kamala Harris también se movió al centro. En cuanto se convirtió en la candidata de su partido, asumió un discurso en el que defendía la propuesta bipartidista que no prosperó en el congreso. Criticó a Trump por boicotearla y defendió cada elemento de aquel plan: más seguridad, más oficiales y más recursos en la frontera para frenar la inmigración, como ningún otro demócrata había propuesto. Nunca en el centro de su discurso de campaña estuvo el deseo de regularizar a millones de inmigrantes que todos los días trabajan y aportan a la economía de Estados Unidos, pero que llevan años en las sombras. Si bien no atacó a los migrantes como lo hizo Trump, tampoco recurrió al mensaje humanitario que alguna vez tuvo Biden. Y si bien como vicepresidenta tuvo la tarea de atender las causas de la inmigración en Centroamérica, como candidata no enfocó su mensaje en la importancia de ver el asunto como un fenómeno regional que debe atenderse desde la raíz, tal como nos lo propuso el Papa Francisco.

12. ARMAS

Las presiones de Estados Unidos para controlar la inmigración y combatir al narcotráfico han sido constantes en la relación bilateral. México no había llevado a la mesa el tráfico ilegal de armas y ningún país había presentado una queja similar en el sistema judicial estadounidense. Hasta agosto de 2021.

El Gobierno del expresidente López Obrador presentó una demanda contra 11 fabricantes de armas en Estados Unidos, entre los que estaban gigantes como Glock, Barrett, Colt y Smith & Wesson. México exigía una indemnización de miles de millones de dólares por prácticas comerciales negligentes y por facilitar el acceso a sus productos a grupos criminales.

El informe llamado *Iron River* (Río de Hierro), elaborado en 2024 por la organización *Stop US Armas to Mexico* (Alto a las Armas de Estados Unidos a México), dimensiona la magnitud del tráfico de armas de norte a sur:

"El río de armas que va de Estados Unidos a México y Centroamérica fortalece a las organizaciones criminales y acelera la migración forzada, se origina en cientos de fabricantes de armas, y pasa por miles de pequeños comerciantes locales cada año. Como reacción a este flujo ilegal, se ha desarrollado una carrera por las armas de fuego en la que estas compañías también exportan más armamento de guerra a la policía y a las fuerzas militares mexicanas. Pero el número de muertes y desapariciones aumenta en México. Los discursos políticos se centran en la frontera entre los dos países, pero el enorme mercado no regulado de armas militares en Estados Unidos, que alimenta la violencia, el tráfico de drogas y el desplazamiento de personas, es ignorado".

Ya era bien sabido que las armas que alimentan la violencia en México provienen de Estados Unidos, pero el documento *Iron River* ayuda a comprender el volumen del tráfico de rifles de alto poder y pistolas con las que se cometen decenas de homicidios. Estas armas se comercializan desde prácticamente todos los rincones de Estados Unidos. De acuerdo con el reporte, entre 2015 y 2022, el tráfico aumentó 45%. Las cinco ciudades que más armas exportaron a México son Houston, Texas; Tucson, Arizona; Phoenix, Arizona; El Paso, Texas y San Antonio, Texas.

El Proyecto *Stop US Arms to Mexico* obtuvo información detallada, que nunca antes se había dado a conocer, sobre el origen de las armas que se trafican y exportan a México desde 2015. Obtuvieron la información a través de recursos judiciales y peticiones a la Agencia Federal de Alcohol, Tabaco y Armas de Fuego (ATF por sus siglas en inglés). Según la agencia, México recupera cada año más de 20 mil armas que vienen de Estados Unidos.

12. Armas

Los números de serie de los rifles y pistolas utilizados en un delito en México son enviados después a la ATF para su análisis. Estos arrojan que dos de cada tres armas fueron fabricadas en Estados Unidos o salieron de alguna armería ahí. La cifra podría ser incluso mayor, pues del tercio restante no se puede determinar el país de origen.

Uno de los problemas que tiene el rastreo del tráfico de armas, son los compradores. "Aunque la escala del comercio ilegal a México es enorme, casi todas las armas se compran una a la vez, por diferentes individuos". Le llaman el tráfico hormiga. El informe indica que de 942 armas adquiridas en el condado de Maricopa, en Arizona, y recuperadas en México hace dos años, fueron conseguidas por 874 personas. Solo una de cada diez personas compró una segunda arma al mismo vendedor. La idea detrás es dificultar el rastreo y correr menos riesgos de ser detenidos.

30% del armamento incautado ha sido fabricado por cuatro compañías: Glock, Barrett, Colt y Smith & Wesson. Todas, parte de la demanda inicial del gobierno mexicano.

El Proyecto *Stop US Arms to Mexico* también realizó peticiones en el sistema mexicano, donde descubrió que la Secretaría de la Defensa Nacional adquirió legalmente unas 62,000 armas de fuego durante el sexenio de López Obrador, de 2018 a 2023. El Ejército, el intermediario con la industria armada, vendió después este armamento a diferentes corporaciones policiales. El reporte destaca que las instituciones mexicanas están también en una carrera armamentística para reforzar su equipo frente a la capacidad de los grupos criminales. El resultado es un aumento en la violencia.

El costo de este "Río de Hierro" es altísimo para México. Solo en el gobierno de López Obrador hubo unos 200 mil homicidios. Por eso la relevancia de la batalla legal de México contra la industria de las armas en Estado Unidos. Aunque en un inicio la demanda estuvo marcada por las dudas, porque había quienes pensaban que era una suerte de maniobra diplomática o, en el mejor de los casos, un golpe simbólico, la Secretaría de Relaciones Exteriores demostró que el reclamo iba en serio. Después de altas y bajas, en octubre de 2024 el proceso entró a una etapa decisiva. La Corte Suprema de Estados Unidos aceptó la petición de las compañías demandadas para atraer el caso y decidir si el Gobierno Mexicano puede demandarlas. Más allá de la decisión final de la Corte, el asunto abre un nuevo capítulo en el debate sobre las armas, uno de los temas más delicados en Estados Unidos y, contra todo pronóstico, lleva la problemática entre México y Estados Unidos hasta el más alto nivel de la justicia.

13. DEMOCRACIA

En México, los votantes defendieron la democracia el 2 de junio. Las candidatas, el 3. Tan importante es ir a votar, como reconocer los resultados después de una elección. Saber ganar y saber perder.

El historiador y filósofo Yuval Noah Harari, escribió en el *New York Times*: "Las elecciones son un método para alcanzar un compromiso pacífico entre los deseos de diferentes personas que se contraponen. Es posible compartir un país con personas que consideramos ignorantes, estúpidas y hasta malvadas (y posiblemente esas personas piensan lo mismo de nosotros). Pero ¿queremos llegar a un acuerdo pacíficamente o preferimos arreglar nuestras diferencias con armas y bombas?" Las elecciones resuelven diferencias. Para que funcionen, es fundamental reconocer los resultados.

Semanas después de los comicios del 2 de junio de 2024 en México, la excandidata del frente opositor, Xóchitl Gálvez, dio algunas entrevistas en las que relató cómo vivió ella la noche de las elecciones, cómo siguió atenta el conteo de los votos y cómo decidió llamar a Claudia Sheinbaum para felicitarla. Cuando la entrevisté, mientras aún estaba en campaña, me aseguró que aceptaría el resultado de la elección, cualquiera que fuera. Y así lo hizo.

"¿Reconocerá los resultados de la elección, gane quien gane?" Cada vez más, se convierte en una pregunta esencial para cualquier candidato en una contienda electoral. De la respuesta depende la supervivencia de la democracia. Es verdad que Claudia Sheinbaum ganó con casi 60% de los votos, un margen que no daba espacio para que la oposición sembrara dudas sobre el proceso. Fue una paliza. Pero, incluso cuando el margen es estrecho, después de impugnaciones y quejas ante los tribunales, cuando todo queda sobre la mesa, reconocer el resultado es vital.

En la contienda electoral de Estados Unidos, estuvo todo el tiempo presente la memoria del 6 de enero de 2021 y el intento por revertir los resultados de la elección de 2020.

En junio de 2024 el entonces senador republicano por Florida, Marco Rubio, nos concedió una segunda entrevista para Noticias Telemundo en Washington DC. Por esos días, su nombre sonaba como uno los finalistas para acompañar a Donald Trump en la boleta en las elecciones de noviembre. Marco Rubio podía haber hecho historia como el primer vicepresidente hispano en la historia de Estados Unidos. Finalmente, Trump eligió a JD Vance y Rubio fue elegido para encabezar el Departamento de Estado de Estados Unidos. Pero me pareció que aquella charla que tuve con él fue importante sobre todo porque se resistía a decir que, ganara quien ganara en noviembre, él aceptaría el resultado.

13. Democracia

—¿Por qué no quiere comprometerse a respetar los resultados de la elección? —le pregunté.

—Yo respeto los resultados de las elecciones. Siempre los he respetado. Lo que siempre he dicho es que si hay problemas, el que pierda va a ir a la corte —me dijo.

Me pareció que la acotación no hacía más que sembrar dudas en las instituciones y en el proceso electoral. Ir a la corte está dentro de las reglas, no es necesario aclararlo. Impugnar y acudir a los tribunales, se vale. Otra cosa es, después de todo eso, insistir en un fraude y no reconocer una derrota. Así se lo dije. Él respondió señalando a los demócratas: "Son ellos quienes se quejan cuando no les gustan los resultados". Y apuntó a irregularidades en las elecciones de 2020, aunque no hay evidencia de fraude.

Trump nunca reconoció que perdió las elecciones de 2020. Su equipo de campaña presentó más de 60 impugnaciones en cortes de todo el país, desde Arizona hasta Pensilvania, pasando por Michigan y Wisconsin, y perdió cada uno de los casos, incluso en tribunales en los que había jueces republicanos nombrados por él mismo. Aun así, no aceptó su derrota. Aquello terminó en el ataque al Capitolio. Ya en campaña en 2024 insistió en que fue víctima de un fraude aquella vez y preparó el terreno para crear desconfianza en el resultado de 2024 si los demócratas ganaban. Utilizó el mismo manual de 2020 y centró uno de sus argumentos en su blanco favorito: la inmigración indocumentada. "Nuestras elecciones son malas. Y están tratando de que muchos de estos inmigrantes ilegales que están llegando, voten en noviembre", exclamó Trump en el debate presidencial con Kamala Harris el 10 de octubre. No dio detalles ni fundamento, pero con esa declaración hacía eco de una teoría de la conspiración conocida como *el gran remplazo*, que asegura que hay un plan secreto para traer inmigrantes a Estados Unidos y a otras naciones occidentales, con el fin de sustituir los votos de las personas blancas y promover una agenda política liberal. Esta solía ser una idea extravagante en círculos conservadores muy específicos, pero poco a poco tomó fuerza en el Partido Republicano hasta el punto en que Trump lo mencionó en el debate a nivel nacional ante millones de personas. "Ni siquiera hablan inglés", siguió. "Prácticamente, ni siquiera saben en qué país están. Y esta gente está intentando que voten. Por eso los están dejando entrar al país".

Pero los datos muestran que no hay nada más alejado de la realidad: en todo el país es ilegal que los inmigrantes sin documentos voten. Es necesario ser ciudadano. Y en las purgas del padrón electoral de numerosos estados como Arizona, Texas y Carolina del Norte, entre los nombres que salían de las listas de votantes sin documentación adecuada, la gran mayoría tenían apellidos anglosajones; una minoría eran hispanos.

—Es la gran mentira—, me dijo Juan Proaño, al frente de LULAC, un mes antes de las elecciones. En esa entrevista me mostró las listas de personas que tenían irregularidades en Carolina del Norte y que habían sido retiradas del padrón del estado—. No hay un problema sistemático que pueda alterar los resultados del 5 de noviembre. No hay votantes hispanos ilegales, como dicen. Pero están usando a los hispanos, a los inmigrantes, para traer incertidumbre a las elecciones.

La Liga de Ciudadanos Unidos Latinoamericanos, LULAC, es la organización activista latina más antigua en Estados Unidos. Se fundó en 1929 y desde entonces nunca se había pronunciado a favor de algún candidato presidencial

13. Democracia

en el pasado, pero eso cambió en estas elecciones, cuando abiertamente manifestaron su respaldo a Kamala Harris. "Donald Trump es un peligro. En 2016 ganó y vimos la separación de familias en la frontera. En 2020, negó los resultados y vimos el ataque al Capitolio. ¿Ahora, qué veremos?", concluyó Juan Proaño.

Desde luego que los votos de personas no ciudadanas son inaceptables. Pero señalarlos como un problema sistemático que puede cambiar los resultados de la elección, solo trae desconfianza en el proceso democrático. Un estudio del Centro Brennan para la Justicia de la Universidad de Nueva York sustenta el argumento de LULAC. En 2016, cuando Trump usó por primera vez el argumento falso de que las personas no ciudadanas votaban de forma ilegal y generalizada, el estudio encontró que solo hubo 30 incidentes entre los 23 millones y medio de boletas electorales en todo Estados Unidos. Es decir: el 0.0001% de los votos.

El argumento del fraude estaba preparado en caso de perder. Pero, en caso de ganar, uno de los temas recurrentes de la campaña de Trump fue la venganza. Si llegaba al poder, decía, quería cobrar deudas pendientes. Y ahora está en una posición ideal para hacerlo. Con su triunfo, Trump obtuvo el mandato y el poder para llevar a cabo su promesa de castigo.

Para muchos de sus simpatizantes, ese discurso vengativo no era más que retórica electoral, pero, de acuerdo con el sitio de internet *Político*, incluso sus asesores más cercanos aseguran que hablaba en serio y en un segundo periodo en la Casa Blanca no está preocupado por la reelección así que no hay nada que lo inhiba. Estará protegido por la inmunidad que le otorgó la Corte Suprema y está rodeado de colaboradores dispuestos a llevar a cabo todo lo que él se proponga.

En junio de 2023, Trump prometió nombrar a un fiscal especial para investigar al presidente Joe Biden y a toda su familia. En un evento de campaña en Pensilvania, dijo que la vicepresidenta Kamala Harris tenía que enfrentar a la justicia por permitir una "invasión" en la frontera y la llegada de criminales a Estados Unidos. Barack Obama, Hillary Clinton, Nancy Pelosi, el exdirector del FBI, James Comey, la exrepresentante Liz Cheney, el fiscal especial, Jack Smith, el fiscal de distrito de Manhattan, Alvin Bragg, la fiscal general de Nueva York, Letitia James, el juez de Manhattan, Arthur Engoron, el congresista Adam Shiff… la lista es larga, todos son nombres de personas contra las que Donald Trump ha lanzado amenazas. "Son el enemigo interno", dijo en una entrevista con la cadena Fox News. Se refería a sus oponentes políticos.

La prensa estadounidense también estaba en la mira. Incluso antes de la elección, en los últimos días de la contienda, la campaña Trump demandó a la cadena de televisión CBS por 10 mil millones de dólares. Acusó al programa *60 minutes* de haber editado la entrevista con Kamala Harris y dijo que se trataba de interferencia electoral. En marzo ya había iniciado otra demanda contra la cadena ABC por difamación. Y, de acuerdo con un conteo de CNN, en por lo menos 15 ocasiones en los últimos dos años, amenazó con retirar las licencias de transmisión de las principales cadenas de televisión de Estados Unidos.

En su libro *Cómo mueren las democracias*, Steven Levitsky y Daniel Ziblatt presentan dos ejemplos que ilustran cómo han caído algunas democracias en la historia del mundo. El primero nos lleva al 11 de septiembre de 1973, cuando el general Augusto Pinochet encabezó un golpe de Estado que

13. Democracia

terminó con el bombardeo del Palacio de La Moneda en Santiago de Chile. Habían pasado días de descontento social, crisis económica y parálisis política. El presidente Salvador Allende había dicho que no abandonaría el cargo hasta que terminara el periodo para el que había sido elegido, pero las fuerzas armadas lo habían abandonado. El día del golpe, Allende ofreció un discurso con el que buscó el apoyo de sus simpatizantes, pero la resistencia nunca llegó. A las pocas horas fue asesinado.

Esa es la forma en que solemos pensar que terminan las democracias. Durante la Guerra Fría hubo Golpes de Estado como el de Argentina, en Brasil, República Dominicana, Ghana, Grecia, Guatemala, Nigeria, Pakistán, Perú, Tailandia, Turquía y Uruguay. Más recientemente, lo mismo sucedió en Egipto en 2013. En todos los casos, la democracia se disolvió de una forma espectacular a través de la fuerza militar.

Pero hay otra forma en que mueren las democracias. Es menos dramática, pero igual de destructiva. Las democracias también pueden romperse en manos de líderes elegidos en las urnas: presidentes o primeros ministros que, poco a poco, desmoronan el propio proceso que los llevó al poder. Algunos lo hacen rápido, como Hitler en Alemania en 1933. Con más frecuencia, las democracias se erosionan despacio, a pasos casi imperceptibles.

El segundo ejemplo del libro es Venezuela, donde Hugo Chávez fue electo presidente en 1998, bajo la promesa de construir una democracia más auténtica para mejorar la vida de los más pobres. En 1999, su popularidad le permitió ganar una mayoría legislativa y permitió a los chavistas escribir una nueva constitución. Mas era una constitución democrática. Incluso en nuevas elecciones en 2000, pudo reforzar su legitimidad. Pero el populismo de Chávez también ganó una intensa oposición y para 2006 comenzó a tomar acciones más autoritarias: cerró una televisora, arrestó o exilió a opositores políticos, jueces y personalidades de los medios de comunicación bajo cargos dudosos, y eliminó los términos presidenciales para permanecer en el poder por tiempo indefinido. En 2012, cuando Chávez ya padecía cáncer, la elección fue libre, pero no justa. El chavismo controlaba a la prensa y utilizó a la maquinaria del gobierno a su favor. Nicolás Maduro ganó las siguientes elecciones también de forma cuestionable. Pero fue hasta 2017, cuando una nueva asamblea constitutiva formada por un solo partido usurpó el congreso, cuando el resto del mundo consideró ampliamente a Venezuela como una autocracia. Habían pasado casi dos décadas desde que Chávez llegó al poder.

Así también es como mueren las democracias. Igual que Chávez, otros líderes elegidos democráticamente han debilitado o eliminado las instituciones democráticas en Georgia, Hungría, Nicaragua, Perú, Filipinas, Polonia, Rusia, Turquía y Ucrania. Los Golpes de Estado ya no son comunes. Ahora la caída de las democracias comienza en las urnas.

Steven Levitsky y Daniel Ziblatt dicen en su libro que los líderes demagogos siempre han existido, en todos los países, a lo largo de la historia. La primera prueba para que no alcancen el poder, son las elecciones. Otros líderes y partidos políticos pueden aislarlos para evitar que lleguen a una posición de fuerza. Pero si aquel líder gana en las urnas, la segunda prueba son las instituciones. ¿Lo controlan, lo frenan, o se someten a ese liderazgo?

13. Democracia

En México, con el triunfo aplastante de Claudia Sheinbaum en las elecciones del 2 de junio de 2024, Morena y sus aliados obtuvieron mayorías en la Cámara de Diputados y en la Cámara de Senadores, casi todas las gubernaturas del país y las legislaturas estatales: un cheque en blanco. Con prácticamente todo el control, en sus últimas semanas el gobierno del expresidente López Obrador consiguió lo que había querido desde el principio: cambiar la Constitución Mexicana.

El Plan C del expresidente López Obrador incluía una Reforma al Poder Judicial, otorgar más poder a las Fuerzas Armadas, reducir el presupuesto del Instituto Nacional Electoral y eliminar órganos autónomos como el Instituto Nacional de Acceso a la Información, entre otras cosas. En su toma de protesta el 1 de octubre, Claudia Sheinbaum prometió continuar con el legado de su mentor y predecesor. La primera presidenta de México recibió un país con un Poder Judicial reformado y, para muchos, debilitado. "¿Podrá la democracia mexicana sobrevivir a la reforma judicial de López Obrador?", se preguntaba el columnista Eduardo Porter en el diario *The Washington Post*. Ningún otro país se había planteado una metamorfosis tan profunda en uno de los Tres Poderes de la Unión, a una escala tan grande.

"Esta es una transformación judicial que jamás otra democracia en el mundo había llevado a cabo. La medida, que reemplaza el sistema de nombramiento por uno en el que los votantes eligen a los jueces, magistrados y ministros, pone a México en un camino que nunca se ha probado y cuyas consecuencias para las cortes y el país son casi imposibles de predecir", publicó el periódico *The New York Times*. El principal temor es que el Poder Judicial termine sometido al Poder Ejecutivo.

La reforma, además, abrió una grieta en la relación entre México y Estados Unidos. Cuando la iniciativa estaba todavía en discusiones, el embajador de Washington en la Ciudad de México, Ken Salazar, advirtió que la elección de jueces por voto popular era un "peligro para la democracia". En respuesta, el entonces presidente respondió indignado y anunció que ponía su relación con la embajada "en pausa", aunque nunca explicó exactamente lo que eso significaba. Ken Salazar aseguró que seguía en constante comunicación con el Gobierno Mexicano, pero, a pesar de que moderó el tono, insistió en que había "gran preocupación" por la reforma y dijo que "si no se hace bien, puede hacer muchísimo daño".

De acuerdo con el libro *Cómo mueren las democracias*, hay dos normas no escritas que, además de las urnas y las instituciones, contribuyen a la supervivencia de la democracia. La primera es que los partidos políticos deben reconocerse y respetarse como rivales legítimos. Y la segunda es que los políticos deben ejercer el autocontrol al momento de hacer uso del poder. Estas dos reglas de tolerancia para respetar al otro y auto restricción para no abusar de la posición, son clave, dicen los autores, para evitar la batalla a muerte que destruyó democracias en numerosas partes del mundo.

Hoy, esas dos reglas están en juego tanto en Estados Unidos como en México. La extrema polarización partidista en los dos países es evidente. En Estados Unidos, buscar venganza contra los oponentes, va en dirección opuesta a la primera regla no escrita. En México, la falta de contrapesos que han permitido y permitirán que el gobierno tome decisiones unilaterales sin necesidad de rendir cuentas, ponen en riesgo a la segunda regla no escrita.

14. ENTREVISTA CON KAMALA HARRIS

Es hija de inmigrantes de la India y de Jamaica, pero, a diferencia de Barack Obama, habla poco sobre su raza. Y, a diferencia de Hillary Clinton, habla poco sobre el hecho de que es mujer. Kamala Harris no puso el énfasis ahí, pero su apariencia en sí era un mensaje. Nunca nadie que se ve como Harris había llegado a la esfera más alta de la política en Washington. "Algo ha cambiado en este país cuando una persona como ella puede estar en esta posición. Eso es inspirador para muchos. Y desde luego para un segmento importante de la población también es alarmante", dijo la profesora de historia de la Universidad de Harvard, Annette Gordon-Reed, a la revista *The New Yorker*. Lo que es innegable es que Kamala Harris es una figura histórica en la vida política de Estados Unidos.

—Me alegra que hagamos esto porque me parece que será una conversación muy importante para los votantes latinos —le dije en cuanto comenzó nuestra entrevista.

Kamala Harris nos recibió en el Observatorio Naval en la capital estadounidense, la residencia oficial de los vicepresidentes desde 1974. Cuando asumió, ella ordenó una remodelación, cambió algunos acabados y retocó detalles. "Quise darle un toque californiano", me contó. La entrevista fue en la sala principal de la casa, un cuarto amplio con ventanas al jardín, pero que con las cámaras y las luces de televisión parecía diminuto.

La vicepresidenta de Estados Unidos concedió una conversación de 20 minutos a Noticias Telemundo, exactamente dos semanas antes del día de la elección. Muchísimo estaba en juego. Nunca en la historia reciente las encuestas habían pronosticado una contienda tan reñida. Solo siete estados péndulo, esos que pueden irse para un lado o para el otro, definirían el resultado por un margen muy estrecho. A estas alturas, nadie podía anticipar quién ganaría. Y con el peso de esa incertidumbre y el futuro del país, y del mundo, sobre sus hombros, Harris apareció sonriente. Después de meses de peticiones y negociaciones con el equipo de la campaña demócrata, finalmente nos dieron un espacio en su agenda. La entrevista estaba programada para comenzar a las 4 de la tarde, pero ella llegó casi una hora después. Me dio tiempo suficiente para ver las fotografías colgadas de la pared, las obras de arte ahí expuestas y una copia de la Declaración de Independencia de Estados Unidos.

Las encuestas mostraban que los demócratas habían perdido terreno con los votantes latinos. Más de 36 millones de hispanos eran elegibles para votar en las elecciones, y muchos de ellos podían definir el resultado en los estados más importantes de la contienda: Arizona, Nevada, Georgia, Carolina del Norte, Michigan, Wisconsin y Pensilvania. Donald

14. Entrevista con Kamala Harris

Trump había dicho que los inmigrantes contaminan la sangre de Estados Unidos, que los inmigrantes comen mascotas y que hay una invasión llevándose a cabo en la frontera, pero aun así, de acuerdo con una encuesta de *NBC News* y Noticias Telemundo, más de 40% de los latinos estaba dispuesto a votar por Trump. El principal problema de Harris era concretamente con los hombres latinos. Esta entrevista era una de sus últimas oportunidades que tenía para dirigirse a los votantes de origen hispano antes del día de la elección.

—¿Qué viene a su mente cuando piensa en los latinos que viven en Estados Unidos?

—Muchas cosas—, respondió Harris—. En primer lugar y respecto a los temas más importantes hoy en día, todos tenemos mucho más en común de lo que nos separa. El sector latino, como todos, se preocupa por reducir el precio de la canasta básica, el costo de vida. Creo que cuentan con una ambición extraordinaria, aspiraciones, sueños y esperanzas, pero no necesariamente cuentan con acceso a oportunidades. Gran parte de mi agenda se enfoca en crear oportunidades para que todas las personas tengan éxito.

Cuando se llevó a cabo la entrevista, la inflación en Estados Unidos ya estaba por debajo del 3%. Pero en 2022 había alcanzado 9%. La recuperación durante el gobierno de Biden fue dolorosa para muchos estadounidenses. Y cuando se llevó a cabo la entrevista, el número de cruces de migrantes en la frontera estaba en su nivel más bajo desde que Biden había llegado a la Casa Blanca. Pero el total de encuentros de migrantes con la patrulla fronteriza rondó los 10 millones durante todo su gobierno, un número que nunca se había visto. Estos datos tuvieron un alto precio para la popularidad de Biden. El costo político se transfirió a la vicepresidenta.

En esta entrevista, Kamala Harris presentó en exclusiva lo que ella llamó una Agenda de Oportunidades para los Hombres Latinos. Consistía en una política para ayudar a este sector a desarrollarse a través de préstamos para iniciar un negocio o recursos para comprar una casa por primera vez, además de facilidades para encontrar trabajo en algunas posiciones que no requirieran de educación superior: un esfuerzo por atraer a estos votantes que tantos dolores de cabeza le estaban dando en la campaña.

—¿Por qué cree que el expresidente Donald Trump ha logrado avances con este grupo?

—Mira, Donald Trump, cuando fue presidente, implementó políticas que en mi opinión fueron perjudiciales para la clase obrera. Implementó recortes de impuestos a los multimillonarios y a grandes corporaciones. Estoy segura de que lo volverá a hacer.

—Pero ¿por qué ha logrado atraer a más votantes latinos?

—Esa no es mi experiencia. La mía ha sido hablar con votantes latinos todos los días todo el tiempo y cuento con una red increíble de apoyo por parte de ellos porque están conscientes de querer a una presidenta de Estados Unidos que trate a todas las personas con dignidad y respeto y que invierta en sus sueños para ellos mismos y sus familias. ¿Qué obtuvimos de Donald Trump cuando fue presidente? Políticas de separación familiar y desprecio hacia personas de diferentes orígenes.

—Muchos votantes latinos vienen de países como Cuba, Venezuela, Nicaragua. Escaparon de sus países debido al socialismo. Y, como usted sabe, el expresidente Donald Trump la ha definido a usted como una socialista extremista que destruirá Estados Unidos. Usted ¿cómo se define?

14. Entrevista con Kamala Harris

—Soy capitalista. Soy una capitalista pragmática. Creo que necesitamos una nueva generación de liderazgo en Estados Unidos que trabaje activamente con el sector privado para impulsar el crecimiento de las nuevas industrias estadounidenses, para ayudar al desarrollo de pequeños empresarios, para permitirnos que más personas tengan acceso a la casa propia, para permitir que las personas y sus familias puedan generar riqueza para las próximas generaciones. Creo que debemos apoyar a los trabajadores. Soy una capitalista que cree que no todos empezamos desde un mismo nivel, pero que todos tenemos el impulso, la determinación, la ética laboral para alcanzar el éxito y tenemos que crear una economía que le brinde oportunidades a la gente.

La inmigración fue uno de los grandes retos del gobierno de Biden y una de las debilidades en la campaña de Harris. El expresidente Trump incluso llegó a decir que la crisis humanitaria en la frontera era más importante que la economía, aunque casi todas las encuestas mostraban que a los votantes les preocupaba más la inflación. Pero la campaña republicana logró enmarcar a la migración dentro de los asuntos económicos: las casas son inaccesibles, por culpa de los inmigrantes; no hay empleo, por culpa de los inmigrantes; todo está más caro, por culpa de los inmigrantes. Por eso, la principal propuesta de Trump era la promesa de deportaciones masivas. Dijo que deportaría al menos a un millón de inmigrantes sin documentos cada año, como una solución a la inmigración irregular, pero también, de acuerdo con su mensaje, como una solución a los problemas económicos de muchos estadounidenses. Para contrarrestar esa retórica y poner a Donald Trump a la defensiva, Kamala Harris se movió a la derecha en temas migratorios. Se alejó del discurso humanitario de Biden en 2020, en defensa de los migrantes, y se centró en hablar de la seguridad fronteriza y la necesidad de pasar la ley que el candidato republicano había boicoteado en el congreso y que traería más restricciones a las solicitudes de asilo.

A diferencia de otras contiendas electorales en el pasado, como la de Barack Obama, Hillary Clinton y Joe Biden, en esta campaña los demócratas no ponían el énfasis en la necesidad de un alivio migratorio para los cerca de 11 millones de inmigrantes que se estima que viven en Estados Unidos sin documentos y que contribuyen todos los días a la cultura y la economía del país. Ahora, el ánimo del electorado pedía más controles migratorios. A los votantes no les gustaba la llegada de más solicitantes de asilo a las principales ciudades del país. Las encuestas mostraban esa preocupación. Así que Trump siguió con su retórica antiinmigración y los demócratas dieron un giro en esa misma dirección.

—En su primer viaje a Arizona como nominada del partido demócrata, usted dijo que tendría mano dura con la inmigración. ¿Cómo llevaría esto a cabo?

—A nivel personal, he sometido a juicio a organizaciones criminales transnacionales que traficaban con armas, drogas y personas. He sometido a juicio al Cartel de Sinaloa, al Cartel de Guadalajara (Jalisco). Gracias a la labor que he llevado a cabo durante años, sé la importancia de contar con fronteras seguras y mi labor como presidenta de Estados Unidos será garantizar que tengamos fronteras seguras en todo momento y contemos con un sistema migratorio organizado y humanitario. El sistema migratorio estadounidense ha estado roto durante muchos años. Se puede arreglar.

14. Entrevista con Kamala Harris

Había un proyecto de ley en el Congreso de Estados Unidos que podría haber cubierto parte de esas necesidades, pero Donald Trump acabó con ese proyecto de ley porque prefería utilizar ese problema como material de campaña en vez de repararlo.

—Pero este proyecto de ley —le dije a la candidata— incluye requisitos más estrictos para la solicitud de asilo, más recursos para seguridad en la frontera, incluso el cierre de la frontera. Estas son políticas que el presidente Donald Trump utilizó durante su mandato. Entonces, en lo que se refiere a inmigración, ¿ha ganado Donald Trump esta discusión?

—De ninguna manera. Literalmente, impidió el avance de un proyecto de ley con apoyo bipartita que incluía a algunos de los miembros más conservadores del Congreso de Estados Unidos, que habría agregado 1,500 agentes fronterizos en la frontera para asistir a los agentes actuales que trabajan jornadas muy extensas. Nos podría haber ayudado a detener el ingreso de fentanilo que está matando gente en Estados Unidos. Y él lo bloqueó. Él se llena la boca, pero cuando se trata de ofrecer soluciones, queda bastante corto.

—Entiendo lo que me dice —insistí— pero mi pregunta se refiere a que estamos hablando sobre seguridad en las fronteras, y no hay nadie, ningún demócrata, que se esté refiriendo a métodos para alcanzar la ciudadanía, un alivio migratorio...

—Yo sí lo estoy haciendo.

—...los beneficios que los inmigrantes brindan a este país.

—Sin lugar a duda, los inmigrantes aportan... Estados Unidos es un país que fue construido en parte por inmigrantes...

—Pero la gente está preocupada por su TPS, su DACA, y estamos hablando de deportaciones masivas.

—Yo no estoy hablando de...

—¿Cuál es su postura respecto a las deportaciones masivas?

—Necesitamos políticas migratorias inteligentes y humanitarias en Estados Unidos que incluyan un método para alcanzar la ciudadanía, que permitan agregar más recursos en la frontera en lo que se refiere a seguridad, que honren la historia de Estados Unidos como nación de inmigrantes, que no humillen a personas que están huyendo del peligro, creando un sistema organizado para que puedan presentar su caso debidamente. Esa es mi postura. No deberíamos estar diciendo que los inmigrantes están envenenando la sangre de Estados Unidos.

El intercambio anterior entre la vicepresidenta y yo fue un poco atropellado. Yo intentaba sacarla de ese mismo discurso que ya le habíamos escuchado antes y que repetía constantemente sobre el proyecto de ley de seguridad fronteriza que no había pasado en el congreso. Intentaba hacerle ver que, mientras su oponente republicano decía que Estados Unidos se había convertido en un "bote de basura" por todos los inmigrantes que habían llegado en los últimos años, nadie estaba alzando la voz en defensa de esos hombres y mujeres que durante la pandemia fueron catalogados como trabajadores esenciales y que nunca dejaron de trabajar y cultivaron los campos y trabajaron en los hospitales y en la construcción y llevaron alimento a las mesas y que hicieron que este país no dejara de avanzar durante los años más difíciles. Nadie estaba refiriéndose a ellos en esos términos. Sentí que le ofrecía la posibilidad de hablarle a muchos latinos preocupados por las deportaciones masivas que proponía Trump. La medida implicaría un costo millonario, un alto impacto para la economía del país que sin esos inmigrantes perdería importante mano de obra y, sobre todo, podía significar también la separación de familias de estatus mixto. Pero más de la mitad de los votantes apoyaba esa promesa republicana y, tal vez por eso, Kamala Harris no fue contundente en su rechazo a las políticas migratorias de Trump.

Al final, creo que la vicepresidenta dejó clara su postura en la entrevista: es falso que Estados Unidos debe elegir entre una frontera segura y un alivio para los migrantes que llevan años viviendo aquí. Kamala Harris creía en la posibilidad de lograr las dos cosas al mismo tiempo. La pregunta en campaña era: ¿Cómo?

—Es probable que usted no obtenga una mayoría en el congreso —le dije—. ¿Cómo puede garantizar que promulgará una reforma migratoria? Porque los latinos llevan décadas escuchando esto. Se siente como una promesa de campaña que no se ha cumplido.

—Ha habido apoyo bipartidista en el pasado y creo que esta elección y la forma en que los latinos voten puede ayudar a cimentar el camino para alcanzar una solución. Donald Trump no va a impulsar ningún método para llegar a la ciudadanía. No lo hizo en el pasado y no lo hará en el futuro. Sabemos quién es Donald Trump y sabemos cómo se refiere a la inmigración. Por lo tanto, no lo puedo enfatizar más contundentemente: el voto latino en estas elecciones es muy importante y sé bastante bien que la gente de la que estamos hablando cree en nuestro país, lo ama, está comprometida a garantizar su crecimiento y prosperidad, y la oportunidad que todos debieran tener respecto a ser tratados digna y respetuosamente, y ese no es el futuro que ofrece Donald Trump. Donald Trump nos está tratando de hacer retroceder. No quiere que avancemos.

La historia de Kamala Harris es la del sueño americano. Sus dos padres eran inmigrantes y solo una generación después su familia la vio llegar a lo más alto del poder en Estados Unidos. Harris nació y creció en el norte de California, y cuenta que desde joven sintió un llamado por la justicia. Yo la había conocido precisamente en una cafetería de Pasadena, California, en 2019, cuando era precandidata demócrata a la Presidencia. Aquella campaña estuvo llena de tropiezos y tuvo que abandonar la contienda antes de que comenzaran las elecciones primarias, pero después el presidente Biden la nombró su compañera de fórmula en la elección general y en 2021 se convirtió en la primera mujer vicepresidenta en la historia.

Cuando la conocí en aquella ocasión, percibí más ligereza, más tranquilidad, incluso más alegría. Pienso que tenía menos que perder. Ahora la presión apretaba: quedaba muy poco tiempo para la fecha definitiva y no lograba separarse de su rival en las encuestas. Kamala Harris tuvo la ventaja de una campaña corta en la que no fue necesario ganar votos en las elecciones primarias ni convencer a la base de su partido, pero con eso vino también una enorme desventaja. En solo tres meses se enfrentó al reto de presentarse ante el electorado, hacerle ver sus posiciones, su vínculo y lealtad con Biden (un presidente muy impopular), pero también su distancia y autonomía, atacar a Trump, defenderse de sus ataques, mostrarse progresista, pero moderada a la vez, definir una plataforma, hablar de los temas más importantes, dar entrevistas, pero ser cuidadosa en cada respuesta, mostrarse alegre sobre el futuro, pero advertir sobre el riesgo que su oponente representaba, recorrer el país, regresar a los estados péndulo más importantes... todo en solo 100 días desde que se convirtió en la candidata demócrata hasta el 5 de noviembre.

La gravedad del momento, tan relevante en la historia de Estados Unidos, se sintió en la entrevista.

—Usted podría convertirse en la primera mujer presidenta de su país, y México acaba de elegir a la primera presidenta en su historia, —señalé.

—Hablé con ella —respondió Harris y dejó asomar una sonrisa.

—¿Habló con ella? ¿Qué le dijo?

—La felicité y espero trabajar con ella. He trabajado mucho con el gobierno mexicano a lo largo de los años. Cuando era fiscal general de California, llevé a un grupo bipartidista de fiscales generales a la Ciudad de México para trabajar con los fiscales mexicanos en el tema de tráfico, el tráfico de armas, drogas y personas por parte de los cárteles. Ella y yo hemos hablado al respecto, del trabajo que podemos hacer juntas en una serie de temas: inversión en el futuro, la inversión en tecnología y la inversión en ciencia.

—Acaban de modificar la constitución en México, el sistema judicial —le dije.

Hacia menos de un mes que la Reforma Judicial se había aprobado en México. Quería saber su punto de vista. "El embajador Ken Salazar llegó a decir que la reforma podría ser un peligro para la democracia mexicana. ¿Le preocupa la democracia mexicana?"

La pregunta me parecía central para entender cómo sería el futuro de la relación entre México y Estados Unidos si Kamala Harris llegaba a la Casa Blanca. Pero su respuesta me dejó sin palabras:

—No he estudiado estos cambios, así que no puedo hablar de ellos.

La respuesta me sorprendió. México es el país vecino, es el principal socio comercial, la relación más importante para Washington. ¿A qué se debía entonces que la vicepresidenta de Estados Unidos no supiera los detalles de una reforma de consecuencias tan importantes? ¿Era irresponsabilidad de su equipo que no la preparó en este tema para la entrevista? ¿Era falta de interés por lo que ocurre al sur del Río Bravo? ¿O era, más bien, falta de tiempo para estudiar el tema en medio de una campaña presidencial?

Ya hacia el final de la entrevista, Kamala Harris insistió en el peligro que ella veía en que Donald Trump resultara electo presidente.

—Yo apoyo unas elecciones libres y justas, a diferencia de Donald Trump, que sigue mintiendo sobre su derrota en 2020, que incitó a una turba violenta a atacar el Capitolio de Estados Unidos e intentó echar por tierra la voluntad de los votantes, un ataque contra 140 agentes de la ley que ese día resultaron heridos. Algunos murieron a causa de lo que hizo Donald Trump. Muchos de tus televidentes entienden y abandonaron un país donde los dictadores corrompían los sistemas judicial y democrático. Personas que quizá votaron por Donald Trump en 2016 me han dicho que lo que pasó el 6 de enero de 2021, fue ir demasiado lejos. De hecho, recientemente hice un evento con destacados republicanos que me apoyan, y que apoyaban a Donald Trump en el pasado, pero que ahora creen que es un peligro para Estados Unidos, que no es apto para servir. Su ex jefe de gabinete, que tra-

14. Entrevista con Kamala Harris

bajó con él en la Casa Blanca, ex secretarios de defensa, el ex asesor de Seguridad Nacional y el exvicepresidente, todos han dicho que Donald Trump no es apto para ser presidente de Estados Unidos y es un peligro. Y por favor, recordemos, recientemente se reportó que el jefe del Estado Mayor Conjunto, el más alto entre los que han servido en nuestro ejército, dijo que Donald Trump es un fascista hasta la médula. Las personas que mejor lo conocen, que han trabajado para defender la seguridad y los principios de la Constitución de Estados Unidos lo han calificado de incapaz y un peligro para nuestro país.

15. LA *NO* ENTREVISTA CON DONALD TRUMP

El candidato republicano se resistió a hablar con Noticias Telemundo. Durante toda la campaña hicimos peticiones una y otra vez para que el expresidente aceptara sentarse a charlar con nosotros. Mandamos cartas, correos electrónicos, tuvimos reuniones con uno y otro miembro del equipo de Donald Trump, intercambiamos mensajes de texto e hicimos llamadas telefónicas, pero nunca llegamos a un acuerdo sobre las condiciones de la entrevista.

Una y otra vez se decía que en este ciclo electoral los votantes latinos serían un grupo crucial para llegar a la Casa Blanca. No solo por la rapidez con la que esta población crece (de acuerdo con el Pew Research Center, cada 30 segundos un hispano en Estados Unidos alcanza la mayoría de edad y es elegible para votar), sino por los lugares en los que viven los latinos: estados con numerosos votos electorales, como California, Texas, Nueva York y Florida, y estados especialmente importantes en esta elección (1 de cada 4 votantes en Nevada y Arizona fue latino). En una contienda que parecía tan cerrada, en la que los márgenes serían tan estrechos, unos cuantos miles de votos podían hacer la diferencia. En Pensilvania, por ejemplo, Joe Biden ganó en 2020 por una diferencia de 80 mil votos, y unos 600 mil latinos ahí eran elegibles para votar. Pero, a pesar de eso, la campaña de Donald Trump se negó a hablar con una de las dos cadenas de televisión en español más importantes en el país.

"Te voy a ser sincera", me dijo una consejera de la campaña a dos meses de la elección, "la agenda está muy apretada, pero si el expresidente encuentra una hora para dar una entrevista, no te la va a dar a ti. Se la va a dar a un podcast, en donde no le van a hacer preguntas complicadas que lo pueden meter en problemas". Básicamente en eso consistió la estrategia de Trump: pocas entrevistas con periodistas de medios de comunicación que no fueran de Fox News, y numerosas conversaciones con *influencers* y *podcasters* que lo acercaban a su base.

Lo más cerca que estuvimos de él, fue su nuera Lara Trump. A principios de 2024, conforme avanzaba al triunfo en el proceso de elecciones primarias y garantizaba el control absoluto de su partido, Donald Trump la nombró presidenta del Comité Nacional Republicano. Tradicionalmente Trump pone a miembros de su familia en la cima de sus pirámides organizacionales, solo que esta vez las opciones más obvias no estaban disponibles. Su hijo Eric administraba el conglomerado de bienes raíces, la Organización Trump. Su hija Ivanka y su esposo Jared habían abandonado la política y ahora vivían en Miami. Don Jr. estaba ocupado con un podcast y viajando por el país promoviendo el movimiento MAGA (Por las siglas Make America Great Again, o Hagamos a América Grande Otra Vez). Pero Trump tenía a alguien en mente.

15. La *no* entrevista con Donald Trump

En enero de 2024, Lara Trump, esposa de Eric Trump, recibió la llamada de su suegro. La revista *Time* cuenta que, para evitar el ruido de dos niños pequeños y tres perros, Lara salió al jardín trasero de su casa para hablar con él. "No quiero presionarte", le dijo el entonces expresidente, "pero necesito a alguien en quien pueda confiar".

Lara Trump no era precisamente una candidata ideal para dirigir una organización como el Comité Nacional Republicano. Solo había trabajado como productora de televisión, sin experiencia en operaciones políticas. Pero tan pronto asumió el cargo, dio resultados. Entre marzo y julio, Lara Trump ayudó a recaudar 280 millones de dolores en un esfuerzo impulsado por la indignación de los seguidores del movimiento MAGA después de que el expresidente fuera hallado culpable de 34 cargos criminales en Manhattan. Llevó a cabo sesiones de entrenamiento para los simpatizantes interesados en convertirse en observadores de urnas el día de la elección e inscribió a decenas de miles para esa misión. De acuerdo con la revista *Time*, fue ella quien convenció a Donald Trump de abandonar su lucha contra el voto por correo. Y durante la convención republicana en Milwakee ofreció un discurso sólido a favor de su suegro.

Su futuro dentro del movimiento MAGA ya parecía prometedor. Como una de las defensoras más convincentes y elocuentes de la causa, no era descabellado imaginarla en una posición importante en caso de que Trump recuperara la Casa Blanca. "Si ganamos", dijo el activista político de derecha, Charlie Kirk, "sin duda ella será una de las personas más respetadas dentro del movimiento conservador".

Tres semanas antes de la elección del 5 de noviembre, entrevisté a Lara Trump. Las encuestas apuntaban a una erosión del apoyo latino para los demócratas. Era claro que Kamala Harris ganaría el voto de los hispanos, pero la pregunta era por cuánto. Cada vez más personas estaban dispuestas a cuestionar su apoyo histórico al partido demócrata, y esa fue una de las grandes revelaciones del ciclo electoral de 2024. Como apunté, Donald Trump dijo que los inmigrantes contaminaban la sangre de Estados Unidos, que los inmigrantes comen mascotas y que había una invasión en curso. Y, a pesar de esa retórica, cada vez más latinos decían que votarían por él.

Había algo que no debía pasarse por alto: Donald Trump había sido capaz de hablarle a un grupo grande de la población que a lo largo de las últimas décadas se había sentido olvidado por el sistema, rezagado en la economía y amenazado por la migración. Cuando uno piensa en los votantes de Trump, suelen venir a la mente hombres blancos de clase trabajadora, casi todos en los estados del centro de Estados Unidos. Pero muchos latinos de segunda o tercera generación también han sentido el golpe en el bolsillo, la lenta recuperación después de la pandemia y la amenaza de nuevos migrantes que, de acuerdo con Trump, ocupan sus posiciones de trabajo. Para esos votantes, los demócratas se habían alejado demasiado de los problemas reales. El mensaje migratorio con el que Biden llegó a la Casa Blanca, en el que decía que tendría una política "humanitaria" en la frontera y que en parte provocó la llegada de millones de personas, estaba muy distante de las posiciones de estos votantes.

Otros latinos, como algunos cubanos en Florida, por ejemplo, han tenido una experiencia migratoria muy distinta a la de los mexicanos o centroamericanos. Muchos están más preocupados por la amenaza del socialismo que, de acuerdo

15. La *no* entrevista con Donald Trump

con la campaña de Trump, encarnaban los demócratas. Y otros votantes latinos simpatizan con el carácter de Trump, su personaje de líder implacable, que dice lo que piensa y hace lo que dice, incluso esa caricatura autoritaria que puede parecerse a la de algunos líderes en la historia de América Latina: la figura del caudillo que rompe las reglas y acumula el poder. Y para otros más, la lucha contra el derecho al aborto, la defensa de la vida y la familia tradicional, eran la única razón por la que apoyaban al partido republicano. Es innegable que Donald Trump entendió que necesitaba de una parte de los votantes hispanos para ganar y supo llegar a algunos de ellos con estos mensajes.

—Pero las encuestas también muestran que muchos votantes latinos siguen indecisos —le dije a Lara Trump en nuestra entrevista—. ¿Puede el expresidente Trump ganarse a esos votantes que aún no se definen, usando ese lenguaje tan polarizador? Los votantes latinos somos inmigrantes o venimos de una familia migrante.

—Bueno, él específicamente está hablando de los inmigrantes ilegales. Esas personas que rompieron nuestras leyes para entrar a nuestro país. Y quien quiera que seas y donde quiera que vivas en Estados Unidos, si eres un ciudadano de este país, seguramente eso te molesta. Porque, ¿adivina qué?, son tus impuestos los que pagan la atención a esas personas que llegan ilegalmente. Y te diré otra cosa: quienes están más molestos por la inmigración ilegal, son quienes hicieron lo correcto y siguieron el proceso legal para entrar a este país.

—Una de las promesas de campaña de Trump son las deportaciones masivas. Pero ¿cuánto tiempo cree que le tomaría deportar a los 11 millones de personas que se estima que viven en el país sin documentos, de acuerdo con datos del Departamento de Seguridad Interna (DHS)? ¿Cuál sería el plan?

—Creo que Donald Trump sería el primero en decir que será una tarea difícil. Es muy complicado saber en dónde se encuentran todas las personas que han entrado ilegalmente al país. Creo que su principal preocupación son los criminales. Quiere asegurarse de que las pandillas y los delincuentes estén fuera. Esto es Estados Unidos. Aquí no toleramos esas cosas. Donald Trump quiere sacar a esta gente y asegurarse de que los ciudadanos estén a salvo.

—Numerosos estudios demuestran que los inmigrantes sin documentos cometen menos crímenes que los ciudadanos estadounidenses. Algunos inmigrantes probablemente son criminales. Son una minoría. Trump los quiere deportar. ¿Y qué pasa después? ¿Deportará también a los padres sin documentos de más de 4 millones de niños estadounidenses?

—Otra vez, es una tarea difícil. A mucha de esta gente es imposible seguirle el rastro. Pero de lo que queremos estar seguros es de que saquemos a los peores, a los criminales, los terroristas.

—La razón por la que pregunto —insistí—, es porque muchos de nuestros televidentes pueden estar de acuerdo con la deportación de criminales, pero otros pueden estar preocupados por qué pasa después de que deporten a los criminales, ¿también deportarán a gente buena? ¿Qué hará Trump con esos inmigrantes?

—Creo que Donald Trump será el primero en decir que tenemos un sistema migratorio que no funciona. Quien quiera llegar a este país para contribuir a la sociedad estadounidense, debe pasar por el proceso legal. Y necesitamos una larga conversación para asegurarnos de que eso suceda.

15. La *no* entrevista con Donald Trump

Pero la prioridad ahora es cerrar la frontera. Y sacar a los criminales para mantener a nuestras comunidades seguras.

—Pero son una minoría—. aclaré otra vez—. Eso no serían deportaciones masivas. No son 11 millones de inmigrantes. No son un millón de inmigrantes deportados al año, como plantea el expresidente. Deportar criminales es otra cosa.

La conversación siguió de forma respetuosa. Hablamos del aborto y la posición cambiante de Trump en este asunto, hablamos de los votantes latinos, los hombres que apoyan el movimiento MAGA y de lo que estaba haciendo ella con el Comité Nacional Republicano para atraer más votos. Pero, de todo lo que podía conversar con Lara Trump, dos cosas me parecían fundamentales: primero, que dijera exactamente a qué se refería Trump cuando hablaba de "deportaciones masivas" y que explicara cómo las llevaría a cabo. Nunca lo hizo en la contienda. Segundo, me parecía importante aclarar que el retrato que la campaña republicana hacía de los inmigrantes en Estados Unidos era incorrecto. El discurso trumpista generaliza y pinta a todos los inmigrantes con la misma brocha cuando habla de una invasión de criminales que envenenan la sangre de Estados Unidos. Es falso.

Durante toda la campaña, Trump menospreció a quienes vienen de fuera y, en su defensa, aclaraba que hablaba solo de los inmigrantes sin documentos y de los criminales. Pero eso cambió en su evento de cierre de campaña en el Madison Squere Garden de Nueva York, cuando el comediante Tony Hinchcliffe hizo chistes racistas sobre los latinos en el escenario y, en especial, describió a Puerto Rico como una "isla de basura flotante en medio del océano". Las reacciones fueron inmediatas. Figuras puertorriqueñas de alto perfil como Ricky Martin, Jenifer López y Bad Bunny expresaron su apoyo a Kamala Harris ante sus cientos de miles de seguidores en las redes sociales. Legisladores republicanos se distanciaron del comentario y la campaña de Trump también intentó hacerlo. Pero al día siguiente, el expresidente Trump dijo que su evento en Nueva York había sido una fiesta de amor. Nunca condenó el mal chiste.

Unos 6 millones de puertorriqueños viven en Estados Unidos, la mayoría en Florida y Nueva York, pero también en estados clave en el ciclo electoral (más de medio millón en Pensilvania, más de 124 mil en Georgia y 133 mil en Carolina del Norte). Existía un riesgo real de que esos votantes castigaran al partido republicano por esa broma. Lo cierto es que el chiste del comediante, del que Trump nunca se deslindó, fue un paso más allá en la retórica habitual de su campaña: ya no solo hablaba despectivamente de los migrantes, en este caso se trataba de personas con derecho al voto, ciudadanos estadounidenses, algunos de ellos nacidos en Estados Unidos. Pero latinos. Para muchos opositores, este era el último pedazo de evidencia de lo que para ellos es el trumpismo: un desprecio por los otros. Un desprecio no solo por aquellos que llegaron a este país sin documentos, sino por aquellos que son distintos.

16. DOS VICTORIAS APABULLANTES

El 2 de junio de 2024, Claudia Sheinbaum llegó a la casilla 3,960 en la alcaldía Tlalpan, en el sur de la Ciudad de México, con a su esposo Jesús María Tarriba. Estuvo formada durante casi una hora para identificarse y finalmente emitir su voto. Marcó todas las boletas a favor de su partido, salvo una: la de Presidenta de la República. Marcó esta última papeleta con el nombre de Ifigenia Martínez y Hernández, una figura emblemática en la vida pública mexicana, con protagonismo importante dentro de una clase política dominada por los hombres. Ifigenia Martínez fue una de las fundadoras del Partido de la Revolución Democrática, legisladora de la Ciudad de México, senadora y embajadora de México en la Organización de las Naciones Unidas.

Por eso, su nombre en la boleta de Claudia Sheinbaum era un reconocimiento simbólico a las pioneras que hicieron posible que llegara este día. Con este acto protocolario, Sheinbaum terminaba casi dos años de campaña y se preparaba para esperar los resultados.

A las 6 de la tarde cerraron las urnas y a esa hora comenzó la transmisión especial de Noticias Telemundo desde el corazón de la Ciudad de México. Con el estudio instalado en la azotea del Centro Joyero, el Palacio Nacional de fondo y la plancha del zócalo debajo de nosotros, a lo largo del programa fuimos testigos de cómo la plaza se llenaba de simpatizantes y banderas de Morena. En la calle vendían camisetas, gorras y peluches de las dos figuras protagonistas del movimiento: López Obrador y Sheinbaum. El fundador y la heredera.

Cinco días antes de la elección, las encuestas le daban a Claudia Sheinbaum más de 20 puntos sobre su rival más cercana, Xóchitl Gálvez. Tal era la diferencia, que muy pocas personas dudaban que la ex jefa de Gobierno de la Ciudad de México iba a ganar la elección. La sorpresa fueron los márgenes. La participación en los comicios fue de más del 60% y Sheinbaum rompió récord de respaldo. Se convirtió en la candidata más votada en la historia de México.

"Amigas, amigos, muchas gracias por esperarnos hasta esta hora. ¡Sí se pudo! Alcanzamos cerca de 35 millones de votos", exclamó ella, alegre y triunfal en el escenario, con el Palacio Nacional iluminado y una Plaza de la Constitución llena con sus simpatizantes. Era una noche para la historia. Claudia Sheinbaum se convertía en la primera presidenta de México. Asumía el poder con un mandato claro y con el control del congreso y la mayoría de las gubernaturas y congresos locales para su partido. Los mexicanos hablaron en las urnas con toda claridad: después de seis años de un gobierno de Morena, el país votó por la continuación del proyecto y le abrieron el paso a la nueva presidenta para hacer cumplir sus promesas, incluidas las reformas a la constitución.

16. Dos victorias apabullantes

Los estadounidenses también hablaron claro el 5 de noviembre. Ese día por la mañana, Donald Trump votó en Palm Beach, Florida, junto a su esposa Melania Trump. Al terminar, dijo a la prensa que esta había sido su mejor campaña y por la noche los números le dieron la razón. Donald Trump, el presidente número 45 se convertiría en el número 47.

Por primera vez en más de 100 años un presidente de Estados Unidos ganaba un segundo periodo de forma no consecutiva. Era un regreso notable. La historia de un líder resiliente que superaba todo obstáculo en su contra. Después de dos juicios políticos y cuatro imputaciones de cargos federales, después de haber sido encontrado culpable de 34 cargos criminales, responsable de abuso sexual, después de dos intentos de asesinato, Donald Trump triunfaba como nunca lo había hecho. Por primera vez en sus tres contiendas por la presidencia de Estados Unidos, Donald Trump ganó el voto popular. Casi todos los distritos del país se movieron a la derecha y votaron más por él que en 2020. Todos los estados considerados péndulo le dieron los votos electorales a Trump. Incluso en zonas habitualmente demócratas como Nueva York o California, Trump ganó terreno. Lo mismo ocurrió en grupos de la población que tradicionalmente apoyaban a los demócratas. Aunque Harris ganó la mayoría del voto de los latinos, por ejemplo, Trump consiguió reducir su margen de ventaja. Lo mismo con los votantes afroamericanos y también con el voto de las mujeres blancas. Trump amplió su base de votantes. Más aún, los republicanos lograron ganar el control del Senado y la Cámara de Representantes. La hazaña de Trump fue, en más de un sentido, histórica y sísmica: sacudió la política estadounidense.

Después de la elección, la revista *The Economist* escribió que la "impresionante victoria coronó a Trump como el Presidente más relevante de Estados Unidos después de Franklin D. Roosevelt. El hecho de que Trump se convierta en el primero en ganar dos términos no consecutivos desde Grover Cleveland en 1892, no le hace justicia a su logro. Él ha definido una nueva era política para América y para el mundo".

"En cierto modo, la era de Trump es muy moderna. Fue posible debido a los cambios tecnológicos y la fragmentación de los medios de comunicación, en un tiempo en el que distinguir la ley de la política y la política del entretenimiento es difícil. Pero la era Trump es también el regreso a una vieja idea de Estados Unidos. Antes de que la lucha contra el fascismo convenciera a Franklin D. Roosevelt de que ayudar a traer orden y prosperidad al mundo estaba en los intereses de su país, Estados Unidos era una nación hostil hacia los inmigrantes, que desdeñaba el comercio y sospechaba de las alianzas internacionales. En las décadas de 1920 y 1930, eso llevó a tiempos oscuros. Y eso puede volver a ocurrir", advirtió la revista.

La Suprema Corte ya tiene una mayoría conservadora y existe la posibilidad de que esa tendencia conservadora se consolide, pues es muy probable que Trump nombre a más jueces en esta segunda vuelta. Solo una muestra de cómo las consecuencias de su nuevo mandato tienen el potencial de definir el futuro de Estados Unidos y el mundo por generaciones. Si Trump rompió el viejo orden, ¿qué ocupará su lugar? Si la nación era la principal promotora del libre comercio, con él se espera el regreso del mercantilismo previo a las Guerras Mundiales. Trump es un fiel creyente de los

16. Dos victorias apabullantes

aranceles. Si el país se formó gracias a la llegada de millones de personas de otras partes del mundo, con él la migración no será bienvenida. Y hay algo muy profundo en todo esto: si en 2016 muchos pensaron que Trump era una anomalía y que su mensaje divisorio era solo una pequeña desviación en la historia de Estados Unidos, en 2024 fue evidente que no. Los estadounidenses lo eligieron aún después de haberlo conocido.

Todos los casos federales que enfrentaba quedaron congelados, incluido el más grave de ellos, en el que estaba acusado de haber intentado revertir los resultados electorales de 2020 y haber incitado el ataque al Capitolio. Imposible que el Departamento de Justicia persiga a un presidente en funciones. Por eso el triunfo de Trump en la elección de 2024 fue más que una realineación política en la que grupos de votantes reajustaron sus preferencias y prioridades; incluso más que solo una realineación de gobierno, con las nuevas medidas que se implementarán en numerosos ámbitos como el comercio y la inmigración. El triunfo de Trump el 5 de noviembre fue una reivindicación personal. Con su victoria electoral, fue capaz de eliminar todo tipo de consecuencia legal por actos que, de acuerdo con la fiscalía y un gran jurado, fueron criminales.

Donald Trump derrotó toda forma de castigo. ¿Habrá rendición de cuentas ahora? La Corte Suprema determinó que el presidente tiene toda inmunidad en sus actos oficiales. No hay universo en el que la nueva composición del Congreso (con mayoría republicana) investigue a Trump por nada. Muchos medios de comunicación están desprestigiados ante los ojos de muchos estadounidenses. Más de la mitad del país ha dejado de consumir noticias en prensa reconocida, y está aislada en pequeños grupos que se alimentan entre sí a través de las redes sociales. No puede exagerarse cuánto Donald Trump derrotó al sistema y lo favorable que la nueva composición del sistema será para él.

Hay un paralelo en el caso mexicano y el caso estadounidense. Los dos nuevos gobiernos llegan con todo el poder. Los dos eran viejos conocidos del electorado. Los dos anunciaron con claridad lo que planeaban hacer si ganaban la elección. Los dos le hablaron a un segmento de la población que no se había sentido escuchado antes. Y los dos obtuvieron una amplia mayoría de los votos y el control de las cámaras del congreso. En los dos casos, Morena y Donald Trump, sacudieron las estructuras existentes y el resultado trajo enormes beneficios para ellos, que les permitirán ejercer el poder sin contrapesos. Ahora, los dos nuevos gobiernos tienen carta abierta para consolidar sus movimientos.

17. LO QUE VIENE

"Tuvimos una llamada muy cordial con el presidente electo Donald Trump en la que hablamos de la buena relación que habrá entre México y Estados Unidos", dijo la presidenta de México, Claudia Sheinbaum, a los periodistas en su conferencia matutina del jueves, dos días después de la elección que marcó el regreso del republicano al poder. Aclaró que, entonces, su intención solo era felicitarlo. "Ya habrá momento para platicar todos los temas de la relación bilateral".

Ese momento no podría ser más urgente. Los comentarios que Donald Trump hace sobre políticas públicas no suelen venir cargados de detalles. Pero apenas el lunes de esa semana, un día antes de la elección, en su último evento de campaña en Carolina del Norte, Trump dejó ver lo primero que haría con la presidenta de México. "Le voy a informar, desde el día uno, o antes, que, si no detienen la llegada de criminales y de drogas que entran a nuestro país, inmediatamente impondré un arancel del 25% en todo lo que México exporta a Estados Unidos".

No pudo haber sido más claro.

Hay poco que sugiera que la amenaza no es seria. Terminar con la inmigración indocumentada en la frontera sur de Estados Unidos fue una de las principales promesas de Trump en su campaña para regresar a la Casa Blanca. Y en su discurso de victoria, la noche de la elección, dijo contundente: "Nada me detendrá para cumplir mi palabra".

Como ya lo había hecho antes en sus negociaciones con México, Donald Trump mezcla peras con manzanas. Para un problema migratorio, encuentra una solución comercial. Ya tenemos antecedentes de esto. Trump está convencido de que el plan funciona, porque ya lo puso en marcha con éxito antes. En su primer periodo como presidente, amenazó con poner aranceles a los productos mexicanos para que México comenzara a quedarse migrantes de su lado de la frontera mientras esperaban a que Estados Unidos procesara sus solicitudes de asilo. Nació así el programa *Remain in Mexico*, y México envió unas 15,000 tropas a su frontera norte para reducir el flujo de migrantes y unas 6,500 a la frontera sur.

—¿Le preocupa el próximo gobierno de Estados Unidos? —le pregunté a la exembajadora de México en Estados Unidos, Martha Bárcena.

—Me preocupa el próximo gobierno de Estados Unidos y me preocupa lo que está sucediendo en México.

—¿Por qué?

—Por esta tendencia a la divergencia en lugar de a la convergencia y por la falta de acuerdos claros y la falta de visión.

Martha Bárcena fue la primera mujer embajadora de México en Washington DC. Sirvió durante las administraciones del expresidente López Obrador y Donald Trump.

17. Lo que viene

Conoce bien a los personajes y a los dos movimientos que hoy redefinen a los dos países. "Es necesario hacer el trabajo con puño de hierro, pero con guante de seda", me dijo la primera vez que la conocí en la capital estadounidense. Me concedió una entrevista en 2019, cuando todavía era embajadora y era la única mujer en la mesa de negociación entre la delegación mexicana y la estadounidense. La entrevisté en el Instituto Cultural Mexicano, a dos cuadras de la Casa Blanca. El bellísimo edificio albergó la embajada mexicana desde el final de la Revolución hasta 1989. Hoy todavía pertenece al gobierno mexicano, pero se usa solo para eventos especiales. Ahí, a los pies de la enorme escalera de madera, decorada con murales de Roberto Cueva del Río que cuentan la historia de México, la embajadora habló con Noticias Telemundo. Ahora, cinco años después, fuera del servicio diplomático y en una videollamada, ve todo con la visión panorámica que otorga la distancia.

—Mira, yo soy una optimista nata y siempre seré optimista porque los lazos personales, familiares, sociales, económicos, el impacto de México en Estados Unidos, el de Estados Unidos en México, son tan fuertes, igual que la geografía, así que solo puedo decir que tenemos la obligación de trabajar por una buena relación. Tenemos esa obligación, no nos queda de otra. Unos y otros.

Pero el reto no será sencillo, empezando por el asunto migratorio. Apenas un día después de la elección, Trump dijo en entrevista telefónica con la cadena NBC, que no tenía más opción que llevar a cabo las deportaciones masivas de inmigrantes sin documentos que había prometido en campaña.

De acuerdo con el Centro de Investigaciones Pew, la población de inmigrantes sin documentos en Estados Unidos alcanzó 11 millones en 2022, el último año del que se tiene información. El dato representa un aumento de los 10.5 millones que había en 2021 y es un giro en la tendencia a la baja que hubo entre 2007 y 2019. Más aún, el nuevo estimado no refleja los eventos posteriores a mediados de 2022. Según Pew, la población de inmigrantes sin documentos probablemente ha aumentado en los últimos dos años, con base en los encuentros de la Patrulla Fronteriza con migrantes en la frontera, que alcanzaron números récord entre 2022 y 2023, y el número de solicitudes de asilo pendientes que creció a 1 millón en 2023.

5 millones de mexicanos viven en Estados Unidos sin documentos. Según estos datos, es el número más bajo desde 2007, cuando había casi 7 millones. Pero México siempre ha sido, sigue y seguirá siendo, el lugar de origen más común de los inmigrantes sin documentos en Estados Unidos.

Y hay un número que vale la pena repetir. Según el Centro de Investigaciones Pew, unos 4.4 millones de niños nacidos en Estados Unidos, menores de 18 años, viven con un padre que es inmigrante indocumentado. Por eso, la política de Trump de deportaciones masivas representa la amenaza de una separación familiar para millones de personas.

—Esto traerá mucho miedo a la comunidad mexicana, sobre todo a la comunidad indocumentada. La mayoría de ellos no ha llegado a Estados Unidos en los últimos años. Lleva ahí mucho más de diez años. Y luego hay que ver el impacto que esto tendrá en México— me dijo la embajadora.

—¿Se refiere a la llegada de todas las personas que podrían ser deportadas de regreso a México?

—Así es. Hay que darles trabajo. Hay que incorporarlos a la economía mexicana, que de por sí tiene que

17. Lo que viene

crear 1 millón de empleos al año con su crecimiento demográfico. Y no sabemos si Trump nos va a querer deportar otras nacionalidades recurriendo al antecedente legal de *Remain in Mexico*, o Quédate en México.

A esto hay que agregar el dinero de las remesas que México dejaría de recibir si millones de connacionales terminan expulsados de Estados Unidos. Este es uno de los principales ingresos del país. En 2023 llegaron 63 mil millones de dólares desde Estados Unidos.

Para la exembajadora, el primer paso que el gobierno debe tomar es reforzar su red de consulados con más recursos para asesorar legalmente a los muchos mexicanos que podrían estar en riesgo de quedar detenidos en las redadas y deportados. Muchos de ellos podrían calificar para una defensa legal. En el pasado, México ha unido esfuerzos con organizaciones como la Unión Americana de Libertades Civiles (ACLU), Maldef (un fondo educativo y de defensa legal para los derechos civiles de los latinos), Naleo (la Asosiación Nacional de Funcionarios Latinos Electos) o Unidos (la mayor agrupación por la defensa de los derechos civiles de los latinos). Con estas alianzas, México presentó objeciones en las cortes para detener redadas y deportaciones en la primera etapa del primer gobierno de Trump. Pero eso podría cambiar en la nueva administración.

—Ahora, el equipo de Trump se preparó legalmente para impedir justamente estos casos ante las cortes, con unas cortes cada vez más conservadoras en Estados Unidos— apuntó la exembajadora Bárcena.

Durante su primer gobierno, Trump reconfiguró el panorama judicial con el nombramiento de más de 200 jueces en todo el país (destacan 3 en la Corte Suprema y 54 en las

Cortes de Apelaciones, que toman las decisiones finales en muchos casos). Con eso a su favor, de acuerdo con el diario *USAToday*, que revisó discursos de Trump en campaña y declaraciones de sus asesores más cercanos, el plan consiste en usar acciones ejecutivas para esquivar las leyes existentes que incluyen ciertas protecciones para los migrantes; activar provisiones de la ley de los años 1700, llamada el Acta de Enemigos Extranjeros (Alien Enemies Act), que se usó para detener a personas de origen japonés, italiano y alemán durante la Segunda Guerra Mundial; apoyarse en policías estatales, especialmente en distritos republicanos, para arrestar a inmigrantes que no tienen autorización de estar en el país; y redirigir personal y recursos federales para apoyar en las deportaciones.

"Si el presidente Trump es reelecto, la frontera va a estar sellada; el ejército estará desplazado; la Guardia Nacional se activará y los ilegales se irán a casa", dijo Stephen Miller, el arquitecto de las políticas migratorias de Trump, al podcast conservador *The Charlie Kirk Show* en febrero de 2024.

Nadie sabe exactamente lo que Trump hará en los próximos cuatro años. Es imposible predecir el futuro. Pero es un error pensar que "perro que ladra no muerde".

En la relación entre México y Estados Unidos fue claro en el primer gobierno de Trump que, si bien no todas sus amenazas se cumplen al pie de la letra, de una u otra forma muchas de ellas sí se concretan. México no pagó por el muro, pero sí envió tropas a la frontera para reducir el flujo de migrantes. Trump amenazó con aranceles a todos los productos mexicanos, y solo se los puso por un año al acero y al aluminio mexicanos. Trump advirtió que no le gustaba el Tratado de Libre Comercio de América del Norte, y obligó

17. Lo que viene

a una renegociación que resultó en el T-MEC (Tratado entre México, Estados Unidos y Canadá).

Ahora, las promesas que Donald Trump hizo en su campaña de 2024 deben tomarse con seriedad. Incluso las más exageradas, como la amenaza de bombardear a las bandas criminales que fabrican fentanilo y envenenan a los estadounidenses.

En una entrevista con la cadena Fox News en julio de 2024, le preguntaron a Trump si estaba dispuesto a utilizar la fuerza militar contra los cárteles de la droga mexicanos. "Absolutamente", dijo Trump. "México va a tener que enderezarlo muy rápido, o la respuesta es absolutamente".

Rebecca Bill Chávez, directora de Diálogo Interamericano, un instituto de investigación en Washington, dijo al periódico *The New York Times* que esa medida sería "extremadamente perjudicial" para la relación Estados Unidos-México. Podría poner en peligro toda la cooperación entre los dos países, dijo, incluidos los lazos comerciales, pero también los esfuerzos para controlar el flujo de migrantes y drogas, como el fentanilo, hacia Estados Unidos.

Pero la crisis de fentanilo es una prioridad bipartidista en Estados Unidos. A mí, políticos de los dos partidos me han dicho que están preocupados por la noción de que México ha perdido el control de gran parte de su territorio frente al crimen organizado. Un estado fallido al sur del Río Bravo no será tolerado en Washington.

Ya como presidente electo, Trump repitió su amenaza de aranceles de 25%, a menos que México controle la migración y el tráfico de fentanilo en su frontera. Siguió, en Los Mochis, Sinaloa, el decomiso de fentanilo "más grande en la historia de México". La noche del lunes 2 de diciembre, elementos federales patrullaban la ciudad cuando vieron personas armadas en una zona residencial, las persiguieron al interior de dos inmuebles cercanos y aquello terminó en el descubrimiento de una tonelada de pastillas azules con valor de cientos de millones de dólares. La reacción del gobierno de la presidenta Sheinbaum a las primeras amenazas de Trump manda el mensaje de que hay buena voluntad, intención de colaborar, de hacer algo. Con suerte, los golpes al tráfico de fentanilo mejorarán la posición de México para la negociación de otros temas en la agenda bilateral. Pero "también corremos el riesgo de que pase lo contrario. De que Trump nos tome la medida y encuentre políticamente rentable poner a bailar a las autoridades mexicanas, una y otra vez, a su capricho", escribió en su columna de El Financiero, Eduardo Guerrero Gutiérrez. El consultor en seguridad pública y analista político afirma que los decomisos como este, igual que las capturas de capos, no resuelven el problema de fondo si se hacen solo para complacer a Estados Unidos, sin una estrategia. De hecho, pueden resultar muy caros, como ocurrió con la violencia en Sinaloa después de la captura de El Mayo Zambada.

La presidenta de México ha dicho con optimismo que México "no tiene de qué preocuparse" con Trump. Pero también ha sentido la necesidad de subrayar que "México es un país libre, independiente y soberano", como un recordatorio ante cualquier plan que pueda poner a la nación bajo amenaza.

Recientemente, se ha hecho cada vez más evidente que las agencias del orden de Estados Unidos combaten el crimen organizado en México sin la cooperación del gobierno mexicano. La detención del general Cienfuegos y, otra vez,

17. Lo que viene

la reciente captura de El Mayo Zambada, que fue tomada con sorpresa en Palacio Nacional, son algunos ejemplos.

—Hay que reconstruir la confianza. Eso implica volver a intercambiar inteligencia, y sobre todo, tener una visión común —me dijo la exembajadora Martha Bárcena—. La visión común es que México y Estados Unidos tienen que reconocer que tienen que trabajar juntos. México tiene que reconocer que el crimen organizado es la principal amenaza a su seguridad nacional. No es la intervención de Estados Unidos, es el crimen organizado.

—¿Y qué es lo que Estados Unidos tiene que reconocer? —pregunté.

—Muchas cosas. El tráfico ilícito de armas. Sería maravilloso que volvieran a instaurar la prohibición de la venta de armas de asalto, por ejemplo. Y algo esencial: Estados Unidos tiene que compartir información sobre los juicios que están llevando a cabo en su territorio.

Solo en los últimos años, el juicio a Joaquín el Chapo Guzmán y al exsecretario de Seguridad Pública, Genaro García Luna. La detención y extradición del Chapito, Ovidio Guzmán, y el proceso que apenas comienza con el fundador del Cártel de Sinaloa, Ismael El Mayo Zambada.

—No puede ser, Julio, —me dijo la exembajadora— que México les extradite a personas acusadas de tráfico de drogas y que les den el trato de testigos protegidos y los liberen y no los regresen a México a ser juzgados también cuando enfrentan casos en México.

La exembajadora Martha Bárcena propone hacer ajustes a la cooperación legal entre los dos países y la ejecución de sentencias penales en Estados Unidos. Dice que ante la falta de transparencia y acuerdo, se corre el riesgo y la tentación de denunciar el tratado de extradición y reducir el trabajo en conjunto aún más. "México extradita a criminales y Estados Unidos los libera y luego les da credibilidad en sus juicios. Eso es muy delicado", afirmó.

La seguridad de México está estrechamente ligada a la de Estados Unidos y la de Estados Unidos a la de México. Pero las nuevas reformas constitucionales en México pueden reducir la confianza entre los dos países y complican la cooperación y el intercambio de información.

Después de su toma de posesión como Presidenta de México, los primeros meses de Claudia Sheinbaum han quedado definidos por la Reforma Judicial y la iniciativa para desaparecer órganos autónomos del gobierno.

—Los órganos autónomos son muy necesarios en la relación —sigue la exembajadora Bárcena—. Muchos de estos órganos son órganos espejos: la Comisión Federal de Competencia Mexicana y el FTC Americano, por ejemplo. Pero si uno desaparece, esa comunicación entre ambos se interrumpe.

Eso también complica las conversaciones en asuntos comerciales. El T-MEC está vigente hasta el año 2035. Por ahora, lo que está en puerta en 2026 es la revisión del tratado para determinar si debe prolongarse por 16 años más, es decir, para el año 2048. La extensión le daría certidumbre jurídica a la relación entre los dos países, pero es posible que no se llegue a un acuerdo. "Es un riesgo que crece", me dijo la exembajadora Martha Bárcena. Para ella, la Reforma Judicial hace a México más vulnerable, pues muestra posiciones "divergentes sobre cómo se entiende la democracia en los dos países". Y queda ver si otorga certezas jurídicas a los inversionistas extranjeros.

17. Lo que viene

"Incluso si México escapara de los aranceles", escribe la revista *The Economist*, "Trump podría intentar romper el T-MEC de otra forma, aunque fue él quien lo renegoció durante su primer periodo para sustituir el Tratado de Libre Comercio de América del Norte". Una razón detrás de esto es su intención de frenar productos que podrían venir de China y entrar a Estados Unidos a través de México.

Trump ha amenazado con imponer aranceles de hasta el 100 por ciento —o incluso del 200 por ciento— a los vehículos importados de México. Esto sería un duro golpe para una industria que exporta cerca de 90 mil millones de dólares en vehículos terminados a Estados Unidos, lo que representa alrededor del 5 por ciento del Producto Interno Bruto de México.

Pero dado lo profundamente conectadas que están las cadenas de producción entre México y Estados Unidos, una medida como esta probablemente perjudicaría también a las empresas y consumidores estadounidenses.

Desde luego que interrumpir el acuerdo comercial de América del Norte lastimaría a los tres socios y poner aranceles a los productos mexicanos lastimaría a los consumidores estadounidenses, pero México sufriría la peor parte. El 83% de las exportaciones mexicanas van a Estados Unidos, equivalente a una tercera parte del Producto Interno Bruto.

México, sin embargo, también ha usado cartas a su favor. Durante el gobierno de López Obrador, el país pudo trabajar con Trump y con Biden con la llave de la migración como elemento de negociación. Cuando Trump amenazó con aranceles en 2019, México envió tropas a la frontera. Cuando Biden hizo una llamada en 2023, México colaboró y el flujo de personas en la frontera se redujo.

Tanto Trump como AMLO hablaron en más de una ocasión sobre su buena relación. Una de las únicas tres salidas de López Obrador al extranjero fue a Estados Unidos en julio de 2020, donde el gobierno norteamericano lo recibió como invitado especial. Aquel día en la Casa Blanca, López Obrador vio a Trump a los ojos y le dijo: "Fallaron los pronósticos, no nos peleamos, somos amigos y vamos a seguir siendo amigos".

No sabemos si Sheinbaum tendrá la misma relación con Trump. Pero en su rueda de prensa del día de la elección de Estados Unidos, pareció enviar un mensaje tanto a demócratas como a republicanos. "A veces no se tiene la suficiente información", dijo, "del esfuerzo que ha hecho México para disminuir la migración". Y, a la amenaza de aranceles, ella respondió que vendría otro arancel en respuesta.

En cualquier caso, nos dice la exembajadora Martha Bárcena, en todos los frentes más importantes (migración, narcotráfico, seguridad y comercio) la relación entre los dos nuevos gobiernos debe comenzar con una conversación entre el secretario de Estado de Estados Unidos y el secretario de Relaciones Exteriores de México. En ese diálogo deben definirse las prioridades para atender en tiempo y urgencia. De haber ganado Kamala Harris, esa comunicación entre gobiernos hubiera sido una extensión de la existente, pero con Trump habrá que empezar de nuevo: "Él lo va a desechar todo porque se trata de una reinstitucionalización. Este era un diálogo que se estableció con Obama y Biden, y que siguió con Biden y Harris. Con Trump hay que construir de cero", remató.

Más aún, la embajadora insiste en que el gobierno mexicano deberá saber leer la opinión pública en Estados Unidos para conocer su margen de maniobra:

17. Lo que viene

—Si hace 15 años la gran mayoría de los estadounidenses estaban en contra de las deportaciones, ahora no. Ahora el Partido Demócrata y el Republicano están luchando por el alma de los trabajadores. Entonces hay una tendencia al proteccionismo mucho mayor que antes. Y si México no entiende eso, no vamos a entender el contexto en el que tenemos que negociar con Estados Unidos.

—¿Y ahí qué puede hacer México? —le pregunté.

—*Softpower*. Yo creo que hemos dejado mucho terreno. Cuando yo llegué, teníamos 220 personas en la embajada. Ahorita hay alrededor de 100. Retiramos expertos en todas las áreas. En áreas de policía, de medio ambiente, de educación. Retiramos los expertos de los consulados. Ya no hemos hecho campañas de promoción del turismo. El año pasado se nos cayó el turismo estadounidense. Este año se nos está cayendo el turismo estadounidense. O sea, tenemos que volver a tener una gran presencia en medios, en conferencias, en todo. Tenemos que ir más allá de solo las imágenes de violencia de México.

No bastará con asumir que México y Estados Unidos siempre serán aliados que se necesitan uno al otro. Un Río Bravo nos divide. Dos nuevos gobiernos inician y los dos deben entender que en la relación bilateral no hay rampas de salida.

—Yo siempre he dicho una cosa— remata la exembajadora en nuestra entrevista—, somos un matrimonio en el que no cabe el divorcio. Pero hay que hacerlo agradable. Entonces si tú, Estados Unidos, me traes el café en la mañana a la cama, yo te prometo cocinarte quesadillas por la noche.

18. LA FRONTERA, EL CAMPO DE BATALLA

O la pista de baile, depende de cómo quiera verse la relación entre México y Estados Unidos. El hecho es que, para bien o para mal, es aquí en donde los dos países se encuentran. Por aquí cruzan los bienes que México exporta a Estados Unidos y los que México importa de Estados Unidos. Por aquí cruzan las drogas hacia el norte, y las armas en dirección contraria. Y es aquí en donde hubo una crisis migratoria. Hubo, porque la frontera por la que antes cruzaban miles de migrantes al día, para el cierre de 2024, estaba tranquila y estable. Pero es verdad que durante los primeros tres años del gobierno de Biden, la frontera estuvo colapsada.

De acuerdo con datos oficiales y expertos consultados por el periódico *The New York Times*, la ola migratoria durante el gobierno de Biden fue la más grande en la historia de Estados Unidos. Nunca tantas personas habían entrado al país. La migración neta, es decir, los que entraron menos los que salieron, excedió los 8 millones de personas en los últimos cuatro años. El dato supera los números de finales del siglo XIX y principios del siglo XX, cuando millones de europeos partieron al nuevo continente y entraron por la Isla Ellis, junto a la estatua de la Libertad. Y ahora, de acuerdo con *Goldman Sachs*, más de 60% de los migrantes que entraron los últimos 4 años, lo hicieron de forma irregular (unos 5 millones de personas).

La escala histórica de esta migración explica por qué el tema fue tan importante en las elecciones de 2024 en Estados Unidos. Gran parte de la clase trabajadora en el país se sintió amenazada con la llegada de migrantes que consumían recursos del país mientras ellos tenían dificultades para enfrentar la inflación. Pero, también de acuerdo con el análisis del *New York Times*, es posible que esa ola migratoria hacia Estados Unidos haya terminado. El número de cruces hoy está muy lejos de los niveles que había en 2022 y 2023. Históricamente, en Estados Unidos y en otros países, después de la llegada de tantas personas, suelen venir cambios en las políticas migratorias. El nuevo gobierno está concentrado en bloquear la frontera y sacar a quienes estén dentro del país sin documentos.

La inmigración ha sido la piedra angular en la carrera política de Donald Trump por casi una década. Su primera campaña presidencial se basó en la idea de construir un muro en la frontera para que la gente no entrara a Estados Unidos. En 2024, el enfoque estuvo en sacar a los inmigrantes de su país. Ha prometido la mayor deportación en la historia de Estados Unidos. Potencialmente, millones de personas. Y, de acuerdo con Trump, esto empezará desde el primer día. Su asesor, arquitecto de la política migratoria en su gobierno, Stephen Miller, dijo que la administración desataría el arsenal de poderes ejecutivos que tiene a su alcance para implementar el golpe migratorio más espectacular.

Una política de deportaciones a esta escala tendrá un impacto enorme, no solo en la vida de los inmigrantes, también en sus comunidades, en la economía de Estados Unidos y en México.

Nadie sabe lo que viene. La mecánica de llevar acabo esta operación es complicada. Cuando el equipo de Trump habla de deportar hasta un millón de personas en un año, es posible que debamos ser escépticos y dudar que ese objetivo se pueda concretar, pero es un hecho que el nuevo gobierno lo va a intentar.

A lo largo de los últimos años, una de las cosas que ha guiado la política migratoria es que el gobierno ha tenido que priorizar a quién deporta primero. Ante los millones de inmigrantes que viven en Estados Unidos sin documentos, es necesario elegir. Esto ha significado que si alguien no ha cometido un crimen y su única falta ha sido quedarse en el país sin una visa o haber cruzado hace 15 años sin autorización, por ejemplo, entonces no han sido prioridad de deportación y, en esencia, han podido respirar tranquilos. Pero el mensaje de Trump es distinto. Fue explícito durante su primer gobierno y es explícito ahora: si no tienes documentos, debes andar con cuidado. Vamos por todos.

En su primera administración, Trump llegó al poder con el plan de aumentar los arrestos de migrantes en el interior del país. Es decir, las personas que llevaban muchos años, con vidas establecidas en Estados Unidos, serían vulnerables a una deportación. Stephen Miller era parte de ese plan. Pero lo que al final ocurrió es que la situación en la frontera acaparó la mayor parte de la atención de las autoridades. Grandes números de migrantes llegaron al sur de Estados Unidos impulsados, sobre todo, por las circunstancias en sus países de origen. El primer gobierno de Trump se distrajo de la agenda inicial que quería implementar al interior del país y, en su lugar, tuvo que poner la mayoría de sus recursos en la seguridad fronteriza. Muchas de las políticas más duras que vimos en esos años tuvieron que ver con el trato a los solicitantes de asilo recién llegados. La separación de familias en la frontera, por ejemplo, consistía en intentar castigar a quienes llegaran a Estados Unidos en busca de asilo y maltratarlos a tal grado que su dolor sirviera para evitar que más personas emprendieran el camino.

Pero las cosas han cambiado esta vez. Ahora, los demócratas han cedido mucho terreno cuando se trata de migración y solicitudes de asilo. Por eso la frontera ya está prácticamente cerrada. Trump asume el poder cuando hay menos migrantes que intentan cruzar. Joe Biden, como ningún otro demócrata, terminó por frenar esos cruces y, aunque demasiado tarde para sacarle provecho político, contuvo la crisis en la frontera. Durante los últimos años, Biden llevó a cabo políticas migratorias que bien pudieron haber sido políticas de Trump: complicó los procesos de asilo, aumentó los castigos a quienes cruzan de forma irregular, aumentó la seguridad entre puntos de acceso fronterizo. 2024 cerró con los índices más bajos de cruces fronterizos desde que Biden asumió la Casa Blanca en 2021. Eso significa que en esta ocasión, al menos al inicio, Trump podrá concentrarse en deportar migrantes tierra adentro.

En el primer gobierno de Trump, había personas que ya habían sido funcionarios en Washington y sirvieron de contención. Se unieron a la administración Trump, pero

18. La frontera, el campo de batalla

defendieron las instituciones y, de una u otra forma, evitaron que se realizaran muchas de las ideas más descabelladas del presidente y su asesor. Hoy no.

"Inmediatamente firmaremos acciones ejecutivas con las que cerraremos la frontera, comenzaremos la mayor deportación en la historia de Estados Unidos, encontraremos a las bandas criminales de traficantes de droga, violadores y monstruos que han asesinado a nuestros ciudadanos y los mandaremos a su casa. Nadie podrá entrar al país ilegalmente y ICE tendrá el poder, junto al FBI, la DEA, la ATF y la Guardia Nacional, para bloquear la frontera por completo junto a CBP, y encontrar las amenazas criminales que ya están en el país", dijo Stephen Miller en la campaña.

Los inmigrantes cometen menos delitos que los ciudadanos en Estados Unidos. Ese es un hecho. No hay evidencia de que haya criminalidad masiva por culpa de la migración. Lo que sí hay son casos aislados que han acaparado la atención del país. Casos individuales de violencia cometida por inmigrantes sin documentos que en campaña Trump explotó como emblemáticos de una tendencia que no existe. Pero el éxito político de este discurso le permite a Trump y a su equipo impulsar estas políticas migratorias a pesar de los daños colaterales que puede haber. Porque es verdad que hablan de deportar primero a los criminales, pero ¿después? En su primera entrevista televisada desde que ganó la elección, cuando le preguntaron a Trump por la separación de familias que podría haber si deporta a los padres sin documentos de niños ciudadanos estadounidenses, Trump respondió: "No quiero separar familias, así que la única forma de mantenerlas juntas es deportarlos a todos". Es decir, expulsar también a niños ciudadanos estadounidenses.

Hasta ahora, los agentes del Servicio de Control de Inmigración y Aduanas, ICE por sus siglas en inglés, no hacían operaciones de arresto de inmigrantes en escuelas, iglesias, hospitales y cortes. No era una ley, solo una política interna de evitar lugares considerados "sensibles". Pero con el segundo gobierno de Trump eso puede cambiar. Numerosas fuentes han dicho que el plan es acelerar los arrestos en todo el país, sin importar dónde se lleven a cabo.

El único precedente que existe de lo que Donald Trump quiere lograr con las deportaciones masivas es la *Operation Wetback*, del presidente Eisenhower en los años 50. En aquella ocasión, aproximadamente un millón de personas fueron deportadas. Muchos ciudadanos estadounidenses también resultaron expulsados y enviados a México porque los operativos se hicieron en masa, a partir de un perfil racial. La ambición ahora es recrear esos tiempos. Por momentos Trump y sus aliados hablan de deportar a 20 millones de personas, aunque esa cifra parece una fantasía. Pero, aunque fracasen en alcanzar ese objetivo, solo al intentarlo causarán un daño y un sufrimiento inmensos. Al final, los números tal vez no importen tanto. Son una distracción. Si deportan un millón al año, como prometen, o 20 millones, como también han prometido, es casi insignificante. La pura intención de lograr esas metas puede causar una destrucción, un miedo y un sufrimiento imposibles de medir.

EPÍLOGO
UNA REFLEXIÓN FINAL

Se escribe un nuevo capítulo en la relación entre México y Estados Unidos. Una nueva historia.

¿Para qué servirá contar esa historia?

Soy periodista y creo que mi trabajo es contar las historias de una forma clara, sencilla, interesante. Incluso entretenida. Pero, y esto es lo más importante, creo que mi trabajo es contar historias que retraten la realidad y su contexto. Ponerle luz a aquello que está en la sombra.

Entre otras cosas, eso implica una lucha contra los estereotipos. La escritora nigeriana Chimamanda Ngozi Adichie habla mucho sobre esto. Le llama el peligro de las historias únicas. Y estas campañas políticas en México y en Estados Unidos fueron muestra de ese riesgo.

En Estados Unidos, por ejemplo, el debate migratorio se intensificó desde hace unos años, cuando en la televisión aparecían imágenes de la frontera todo el tiempo. El muro, las familias que quieren cruzar el río y las que atraviesan el desierto porque buscan una mejor oportunidad. Las caravanas migrantes en las que miles de personas caminan juntas para llegar al norte. Para algunas personas en Estados Unidos eso es lo que significa ser mexicano. Eso significa ser latino.

Antes de mudarme a Estados Unidos yo no pensaba mucho en el término latino, o hispano. Nunca me había identificado así. Yo soy mexicano. Pero para efectos prácticos, cuando lleno un formulario de gobierno, por ejemplo, en Estados Unidos eso soy: un latino. Lo mismo los salvadoreños, los cubanos, los argentinos y los venezolanos. Todos. Entramos en esa misma categoría y, aunque en esta elección eso cambió un poco porque los candidatos comenzaron a darse cuenta de la diversidad de este grupo de electores, en general los políticos que quieren votos, todavía nos hablan igual a todos. Todavía en las campañas y en la televisión se escuchaba a los especialistas hablar de "el voto latino". Y yo a veces dudo si eso existe. Todos, metidos en un mismo grupo. Pero funciona porque en Estados Unidos muchos tienen una misma historia única de quienes venimos de otro lugar. Por mucho tiempo me costó trabajo entenderlo.

Pero ahora, después de un tiempo de vivir aquí, ha comenzado a cobrar sentido. Si yo no hubiera crecido en México, si hubiera crecido al norte del Río Bravo y lo único que viera de México fueran las imágenes populares o las noticias, o las series de narcos y las películas de Hollywood, yo también pensaría que México es un país de paisajes bellísimos, una historia muy rica, tradiciones coloridas, pero con gente muy pobre en medio de la violencia que solo quiere huir de su país.

Claro que es verdad que México es un país lleno de tragedias. Empezando por el medio millón de homicidios desde 2006 por la lucha contra el crimen. O las 100 mil personas desaparecidas. O las 10 mujeres que mueren asesinadas cada día. Los feminicidios. La corrupción, la impunidad. De cada 100 asesinatos en el país, solo 7 se resuelven. Es desde luego una catástrofe.

Pero hay otras historias que no son trágicas. Y es igual de importante hablar de ellas.

El problema con los estereotipos no es que sean falsos, sino que están incompletos. Hacen que una historia se convierta en la única historia.

¿Qué pasaría si en Estados Unidos supieran que dos mujeres mexicanas estan entre las 100 más influyentes del mundo, segun la BBC? Son Gabriela Salas Cabrera, una científica de datos que ha trabajado con *Google* para integrar las lenguas indígenas al buscador, y la escritora Cristina Rivera Garza, también, ganadora del Premio Pulitzer en 2024. ¿O si supieran que el tenista número uno en el ranking juvenil de la Federación Internacional de Tenis en 2023 se llamó Rodrigo Pacheco y es mexicano? Fue campeón en dobles juvenil en el abierto de Francia.

O si se dijera más fuerte que la mejor chef del mundo en ese mismo año también fue mexicana y se llama Elena Reygadas, y que con ella y tantos talentos más, nuestra cocina se ha profesionalizado hasta convertirse en la primera en el mundo en ser considerada Patrimonio Cultural Inmaterial de la Humanidad.

O si habláramos del estudio de la Universidad de California, Los Angeles, que encontró que el índice de graduación de preparatoria de los jóvenes mexicoamericanos en Estados Unidos es el doble que el de sus padres. El índice de graduación de universidad es el doble que el de sus padres y el triple que el de sus madres. Es decir, las historias de estas familias migrantes son todas historias de éxito. Un triunfo de una generación a la otra.

O si recordáramos más seguido a Astrid Rondero y Fernanda Valadez que, entre otras cosas, ganaron el premio del gran jurado por cine internacional en el festival de Sundance. O Lila Avilés que se llevó numerosos reconocimientos por la cinta *Tótem*, sobre la relación de una niña con su abuelo. O de los muchos nombres nuevos que aparecen en la escena del cine internacional con producciones de México, en México, para México y el mundo.

O qué pasaría si habláramos de los miles de jóvenes que emprenden nuevos negocios en México cada día. Y a veces tienen éxito y a veces no. Pero cultivan siempre la ambición de superarse.

O de Alondra de la Parra, quien ha recorrido el mundo con su batuta al frente de las mejores orquestas y de Javier Camarena, considerado en 2021 el mejor cantante de ópera después de haber emocionado al auditorio del Met de Nueva York.

O de Yuri Herrera y su genial *Señales que precederán al fin del mundo*. O de Guillermo Arriaga y su viejo guión convertido en la nueva cinta *A cielo abierto*.

Qué pasaría si apuntáramos hacia los casi 5 millones de empresas en Estados Unidos que hoy pertenecen a un latino. O de los 800 mil millones de dólares que estas empresas generan anualmente, de acuerdo con la Universidad de Stanford.

Las historias importan. Las múltiples historias importan.

Chimamanda Ngozi Adichie dice que el peligro de quedarnos con los estereotipos es que le quitan dignidad a las personas. Hace más difícil que nos reconozcamos unos a otros como iguales. Y subrayan nuestras diferencias. No nuestras similitudes.

Cuando nos damos cuenta de que no existe una historia única y que siempre hay muchas historias que debemos

Epílogo

contar porque todas nos aproximan a la realidad, entonces entendemos mejor nuestro entorno y nos entendemos mejor unos a otros.

Por eso en esta nueva etapa con dos nuevos gobiernos en los dos países, nuestro trabajo será documentar todo lo que podamos. Reportarlo y explicarlo lo mejor que podamos. Contar esa historia de los dos lados de la frontera para entendernos mejor.

La relación entre México y Estados Unidos es compleja y sofisticada. Imposible simplificarla en un libro como este. Pero ojalá sea un comienzo. Un punto de partida para responder tantas preguntas que hoy están abiertas: ¿Cuáles serán las consecuencias de las decisiones que los mexicanos y los estadounidenses tomaron en las urnas en 2024? ¿Cómo estos ciclos electorales impactarán la amistad entre los dos países? Y lo más importante: ¿Mejorará la vida de quienes habitamos la región?

Un Río Bravo nos cruza. Pero espero que las historias, contadas con justicia, amansen el agua un poco.

Esta obra se terminó de imprimir
en el mes de marzo de 2025,
en los talleres de Diversidad Gráfica S.A. de C.V.
Ciudad de México